ANHALTEN.
AUFLADEN.
ANPACKEN.

60 JUGENDANDACHTEN
FÜR EIN WERTVOLLES LEBEN

ADVENT-VERLAG

IMPRESSUM

Anhalten. Aufladen. Anpacken.
60 Jugendandachten für ein **wert**volles Leben

Herausgeber: Adventjugend in Deutschland
Projektleitung und Buchkonzept: Martin Böhnhardt, Ruben Grieco
Fachliche Durchsicht: Sven Fockner, Friedhelm Klingeberg, Siegfried Wittwer, Hartmut Wolf
Lektorat: Inga Bertz (www.wortwuerze.de)
Layout, Illustrationen, Covergestaltung und Satz: Simon Eitzenberger (www.desim.de)
Gesamtherstellung: CPI Clausen & Bosse, Leck

Verlag: Saatkorn-Verlag, Abteilung Advent-Verlag, Pulverweg 6, 21337 Lüneburg
Internet: www.advent-verlag.de
E-Mail: info@advent-verlag.de
Onlineshop: www.adventist-media.de

Die Bibelzitate sind – falls nicht anders vermerkt – der Ausgabe „Neues Leben.
Die Bibel", © 2002/2006 SCM-Verlag, Witten, entnommen.

Dieses Buch erscheint in der EDITION icor der Adventjugend Deutschland.
© 2015 Adventjugend in Deutschland

1. Auflage 2015
ISBN: 978-3-8150-1551-3

ADVENTJUGEND

INHALTSVERZEICHNIS

Ein Tag hat gerade mal 24 Stunden. Nicht mehr, nicht weniger. So mancher Tag ging schon ins Land, ohne dass man etwas wirklich Wichtiges, Sinnvolles oder Nachhaltiges getan hätte. Wer kennt das nicht? Natürlich muss nicht jeder Tag in die Geschichtsbücher eingehen. Trotzdem ist es schade, gute Möglichkeiten und besondere Momente zu verpassen. Zum Beispiel Momente, in denen wir Gott begegnen.

Vor zwei Jahren beschäftigten wir uns als Pastoren und Mitarbeiter mit den Zielen der Adventjugend in Deutschland. Eines unserer Ziele lautet „Gott begegnen":

WIR MÖCHTEN GOTT BEGEGNEN, WEIL WIR VOR GOTT ECHT UND AUTHENTISCH SEIN KÖNNEN UND ER UNS ANNIMMT, WIE WIR SIND. ER GIBT ORIENTIERUNG, ERÖFFNET NEUE PERSPEKTIVEN UND WECKT BEGEISTERUNG FÜR DAS LEBEN.

Wir spürten die Herausforderung der Jugendlichen, Gott auch im Alltag zu begegnen. Das Leben ist bunt, intensiv und bewegt. Schule, Ausbildung, Studium und Arbeit bestimmen unseren Tag. Erschöpft fallen wir am Abend auf die Couch und genießen 50 Zoll Bildschirmdiagonale. Es ist nicht immer leicht, sich Zeit für Gott zu nehmen. Aber es täte uns allen gut. Wir würden unendlich davon profitieren.

So entstand die Idee zu diesem Buch. In ganz Deutschland suchten wir Jugendliche, die sich auf das Wagnis einlassen würden, ein Kapitel für ein Jugendandachtsbuch zu schreiben. Andachten von Jugendlichen für Jugendliche. Die Autoren waren her-

ausgefordert, ihren Glauben und ihre Werte zu reflektieren und ihre persönlichen Gedanken und Geschichten mit Gleichaltrigen zu teilen. Neben ihnen baten wir außerdem Kollegen, die mit jungen Menschen arbeiten, eine Andacht zu verfassen.

Nun hältst du das Resultat in deinen Händen. Für dich ist es eine Chance, in deinem Alltag in den kommenden Wochen und Monaten häufiger mal **anzuhalten**. Nimm dir Zeit für die vielen verschiedenen Gedanken in diesem Buch. Nimm dir Zeit für Gott und lass dich **aufladen**. Lass dich von den Andachten inspirieren und begeistern. Versuche, durch die wertvollen Impulse dein Leben und das Leben um dich herum positiv zu verändern. **Pack es an!**

Dieses Buch wäre nicht entstanden, hätten nicht viele Mitwirkende engagiert zusammengearbeitet. Ausdrücklich bedanken möchte ich mich an dieser Stelle bei Inga Bertz, der Lektorin dieses Buchprojekts, beim Hope Bibelstudien-Institut, das unter der Leitung von Sven Fockner die Andachten theologisch begutachtete, bei Simon Eitzenberger, unserem Layouter, bei den Verbänden und vor allem bei Ruben Grieco, mit dem ich dieses Projekt schließlich gemeinsam realisieren konnte. Mein größter Dank geht aber an die vielen Autorinnen und Autoren, die durch ihre persönlichen Geschichten und wertvollen Gedanken dieses Buch haben Wirklichkeit werden lassen.

Ich wünsche dir eine erfrischende Zeit beim Lesen. Möge dir durch Gottes Hilfe dieses Andachtsbuch zum Segen werden!

Martin Böhnhardt
Jugendabteilungsleiter der Adventjugend in Bayern

„ES IST NICHT SCHWER, ENTSCHEIDUNGEN ZU TREFFEN,
WENN DU ERST WEISST, WELCHE DEINE WERTE SIND."
Roy E. Disney, Neffe von Walt Disney

Das Schild mit den überteuerten Preisen hat er abgehängt. Eine Liste mit den von ihm geschädigten Personen und den zurückzuzahlenden Beträgen hat er zusammengestellt. Der gestrige Tag hat Spuren hinterlassen. Nicht nur in ihm. Auch seinem Haus sieht man an, dass hier gestern Menschen zu Besuch waren. Ein ungewohnter Anblick, ist er doch bisher immer alleine gewesen. Von Weitem sieht er die ersten Kunden des heutigen Tages die Straße entlangkommen. Jetzt gilt es, eine Entscheidung zu treffen. Welchen Preis soll er auf seine Tafel schreiben? Was kostet der Wegzoll? Bisher hat er hier gut verdient, bisher war ihm Geld das Wichtigste.

Aber das war vor dem gestrigen Tag. Vor Jesus. Vor dem Baum, auf den er geklettert war. Vor dem Besuch des Rabbis in seinem Haus und seiner Entscheidung, von nun an anders zu leben, die Prioritäten anders zu setzen und die Dinge anders anzupacken. Die Begegnung mit Jesus hat ihn verändert. Und so nimmt Zachäus seine Tafel und ein Stück Kreide und fängt an, Preise zu schreiben. Andere Preise, denn die Preise waren und sind Ausdruck dessen, was ihm wichtig ist. Genauso wie deine Entscheidungen, Regeln und Taten offenbaren, was dir wichtig ist.

In diesem Buch haben wir uns bewusst auf die zehn Werte konzentriert, die uns momentan am bedeutsamsten für eine christliche Gemeinschaft erscheinen, die Men-

schen welchen Alters und welcher Herkunft auch immer in ihrem Glauben begleiten möchte.[1] Zu jedem Wert haben wir sechs Autoren gebeten, eine Dimension des Wertes persönlich und biblisch zu begründen und gleichzeitig Anregungen dafür zu liefern, was es heißen würde, diesen Wert in die Tat umzusetzen.

Wir möchten dir mit diesem Buch Mut machen, von Beobachtungsbäumen herunterzuklettern, dich von Jesus besuchen zu lassen und mit ihm deine „Preise" – deine Entscheidungen, deine Regeln und deine Handlungen – zu überdenken. Das kann echt herausfordernd sein. Aber wir sind davon überzeugt, dass es dein Leben wertvoller machen wird.

Ruben Grieco & Bert Seefeldt
Jugendabteilungsleiter der Adventjugend in Deutschland

---

1 Es sind die zehn Werte, die der iCOR-Initiative zugrunde liegen, einem Instrument für eine werteorientierte Gemeindeentwicklung der Freikirche der Siebenten-Tags-Adventisten. Mehr Informationen dazu findest du unter www.adventjugend.de/projekte/icor.

VERBINDEN

Lass dich ermutigen, authentische und liebevolle
Beziehungen über Generationsgrenzen hinweg zu knüpfen,
und sei offen für andere!

———

1

WUNDER GESCHEHEN

2

WEITER LIEBEN

3

UNTERSTÜTZER AM STRAßENRAND

4

ICH TRÄUM' MIR EINE GEMEINDE

5

ERLEBEN, WAS VERBINDET

6

WARUM ES NICHT SCHLIMM IST, PREDIGTEN ZU VERGESSEN

WUNDER GESCHEHEN

DENN WO ZWEI ODER DREI ZUSAMMEN- KOMMEN, DIE ZU MIR GEHÖREN, BIN ICH MITTEN UNTER IHNEN.

Matthäus 18,20

Hast du schon einmal an Gott gezweifelt oder deinen Glauben infrage gestellt? Vor einiger Zeit war ich auf einem Jugendkongress, und ich durchlebte damals eine Phase des Zweifels und Fragens.

Wir wurden bei dieser Veranstaltung aufgefordert, Luftballons mit Karten in die Luft steigen zu lassen, und ich hatte darauf überhaupt keine Lust. Wir sollten einen Bibelvers oder eine Ermutigung für denjenigen schreiben, der diesen Luftballon finden würde. Ich hielt von dieser Aktion gar nichts und schrieb lustlos meine Handynummer darauf.

Damit es aber noch einen guten Zweck hatte, schrieb ich, dass ich beten werde, wenn ich einen Anruf erhalte. In Wirklichkeit hoffte ich allerdings, dass ein süßer Typ die Karte finden und mir schreiben würde. Als ich nach dem Kongress nach Hause kam, bekam ich eine SMS. Ich las die Nachricht und war sprachlos. Da stand: „Hallo, ich bin Bea und ich habe deinen Luftballon mit der Karte gefunden." Als ich nachfragte, erzählte sie mir, wo sie lebt. Fast 350 Kilometer war der Ballon geflogen. Nach einem kurzen Small Talk schrieb ich ihr, dass auf der Karte steht, dass ich für sie beten werde, und fragte sie, ob sie ein Anliegen hat. Was dann kam, damit hatte ich wirklich nicht gerechnet. Bea tippte erst einmal sehr lange, und ich dachte, dass sie sich bestimmt über mich lustig macht, weil sie nichts von Gott hält. Aber es kam alles anders. Sie erzählte mir, dass ihr Mann sich von ihr getrennt und sie mit einer anderen Frau betrogen hat. Sie hat einen kleinen Sohn und wollte, dass ich für sie bete. Sie wollte wieder eine richtige Familie haben, damit ihr kleiner Sohn einen Papa hat. Als ich das las, musste ich weinen. Ich schämte mich auch, weil ich ja wollte, dass mir ein süßer Typ schreibt. Stattdessen wurde mir zum ersten Mal klar, was Gott vollbringen und dass er wirklich Wunder tun kann.

> ES FÜHLTE SICH KOMISCH AN, WEIL ICH ES NICHT GEWOHNT WAR, GEMEINSAM MIT MEINEN ELTERN ZU BETEN.

Da ich Bea versprochen hatte, für sie zu beten, wollte ich das auch tun. Und da passierte das zweite kleine Wunder. Denn ich fragte meine Familie, ob sie mit mir gemeinsam für Bea beten möchte. Es fühlte sich komisch an, weil ich es nicht gewohnt war, gemeinsam mit meinen Eltern zu beten. Am liebsten bete ich alleine, weil ich Gebete für etwas sehr Persönliches halte. Deshalb war es dieses Mal etwas Besonderes, als Familie für einen Menschen zu beten, den man gar nicht kennt und noch nie gesehen hat. Das Gebet hat uns als Familie sehr gestärkt und ich habe festgestellt, dass eine ganz besondere Kraft darin liegt, gemeinsam zu beten statt alleine. Außerdem ist es viel schöner, seine Anliegen mit anderen zu teilen. Dadurch kann man die Sorgen für einen Menschen teilen, man kann sich aber auch gemeinsam freuen, wenn Gott tatsächlich eingreift und sich etwas zum Positiven verändert.

Seit dem letzten SMS-Kontakt mit Bea sind fast zwei Jahre vergangen. Ich weiß nicht, wie ihre Geschichte weiterging. Aber ich hoffe, dass die Gebete von mir und meiner Familie geholfen haben. Sie haben auch uns als Familie gezeigt, wie wertvoll es ist, füreinander da zu sein und miteinander zu beten.

Autorin: Eugenia Seifert

FRAGEN

① WARUM HAT GOTT ES DEINER MEINUNG NACH SO EINGERICHTET, DASS GEMEINSAMES BETEN EINE GANZ ANDERE DIMENSION HAT ALS ALLEINE BETEN?

② MIT WEM KÖNNTEST DU GEMEINSAM BETEN?

③ WAS MÜSSTE PASSIEREN, DAMIT DU VON DER KRAFT DES GEBETS GANZ TIEF ÜBERZEUGT WIRST?

Challenge des Tages

Fang ein Gebetstagebuch an! Schreib deine Anliegen und die deiner Familie und Freunde auf. Notier vor allem, was sich spontan oder nach einer Weile getan hat. So kannst du nachvollziehen, wie Gott das Leben durch Gebet verändert.

WEITER LIEBEN

Als ich neulich mit meinen Kommilitonen und unserem Dozenten die Hamburger Kunsthalle besuchte, stach mir sofort deren aktueller Slogan ins Auge. In dicker, schwarzer Schrift stand vor grellgelbem Hintergrund: WEITER OFFEN. Die schwarze Schrift war hinterlegt mit weißen Pfeilen, die in Richtung der Kunsthalle zeigten. WEITER OFFEN – so heißt die neueste Kampagne der Hamburger Kunsthalle. Sie soll während der Modernisierung des Museums darauf aufmerksam machen, dass die Kunsthalle trotz der Arbeiten weiter geöffnet bleibt. Die Kunsthalle selbst schreibt dazu auf ihrer Website:

„Darüber hinaus soll die Kampagne aber auch signalisieren, dass wir uns zukünftig noch stärker den Besucherinnen und Besuchern öffnen möchten. Verschiedene, mit bedeutenden Werken der Sammlung verknüpfte Botschaften wie WEITER DISKUTIEREN, WEITER SAMMELN, ... WEITER BLICKEN stehen dabei Pate – ganz im Sinne der immer noch aktuellen Forderung unseres

STRENGT EUCH DESHALB AN, DIESE ZUSAGEN GOTTES IN EUREM GLAUBEN ZU LEBEN. DANN ZEIGT SICH EUER GLAUBE DURCH EIN VORBILDLICHES LEBEN. EIN VORBILDLICHES LEBEN ABER FÜHRT ZUR TIEFEREN ERKENNTNIS GOTTES.

2. Petrus 1,5

Gründungsdirektors, Alfred Lichtwark, kein Museum zu sein, das nur ‚dasteht und wartet'."

Als wir die Kunsthalle gemeinsam betraten, entdeckte ich diese Botschaften auf kostenlosen Postkarten zum Mitnehmen. Sofort setzte ich mich mit den einzelnen Aussagen auseinander, gespannt, ob sie mit meiner persönlichen Einstellung zum Leben übereinstimmten. Schnell war ich innerlich bei dem viel spannenderen Thema: Inwieweit könnten diese Botschaften auch an unsere Kirche gerichtet sein?

Nach dem Museumsbesuch nahm ich ein paar dieser Karten mit, um zu Hause in Ruhe weiter darüber nachzudenken. Ich ging innerlich einige Werte durch, die uns Gott in der Bibel mitgegeben hat, und überlegte mir, welche davon von unserer Kirche momentan repräsentiert werden. Ich kam zu dem Schluss, dass es wohl vor allem eine Botschaft ist, über die am häufigsten geredet wird: die Liebe. Frei nach dem Motto „What would Jesus do?" hieße dann die Botschaft WEITER LIEBEN. Prinzipiell ist diese Botschaft auch richtig, nur kann es durchaus schwierig sein, andere Menschen zu lieben. Das fängt bei vielen jungen Menschen schon in der eigenen Familie an, in der sie zu wenig Liebe erfahren, um diese anderen Menschen weitergeben zu können. Und leider hört das auch in der Gemeinde nicht auf, die für uns eigentlich eine Familie sein sollte.

LENK DEN FOKUS ZURÜCK ZU DIR SELBST, ARBEITE AN DEINEM GLAUBEN UND SCHAU WENIGER AUF DAS, WAS ANDERE MENSCHEN DIR VORLEBEN.

Die Liebe ist ein Thema, das uns immer zu begleiten scheint, und ich frage mich: Woran scheitert es? Was müssen wir tun, um sowohl innerhalb als auch außerhalb unserer Familie nach Gottes Vorbild und Wunsch leben und lieben zu können?

Etliche Tage später stieß ich auf den Text in 2. Petrus 1,3–11. Hier wird vor allem eins deutlich gemacht (Vers 5): Lenk den Fokus zurück zu dir selbst, arbeite an deinem Glauben und schau weniger auf das, was andere Menschen dir vorleben. Lass dich nicht durch deine eigene Schwäche oder das Versagen anderer Menschen davon abhalten, innerlich zu wachsen, sondern lass dich von Gottes Zusagen und seiner Macht motivieren, inspirieren und stärken. Wenn wir unser Leben an ihm ausrichten und unseren Blick auf die neue Erde richten, weg von unserer schwachen Vergangenheit hin zu einer starken Zukunft mit Gott an unserer Seite, wird uns all dies gelingen! Und wir werden unabhängig von den Geschehnissen in unserer Familie, in unserer Gemeinde und in dieser Welt wachsen und lernen, wahrhaftig zu lieben.

Sollte unsere Generation das schaffen, brauchen wir auch keine Angst mehr davor zu haben, dass unsere Gemeinden einem Museum gleichen, das nur „dasteht und wartet". Lasst uns versuchen, eine Generation zu sein, die nicht Vorbild im Reden ist, sondern die durch ihr Handeln und ihre Stärke im Glauben für Vertrauen und ein Gefühl von Sicherheit bei allen Generationen sorgt und diese dadurch sowohl innerhalb als auch außerhalb unserer Gemeinde verbindet und stärkt.

Autor: Franz Röder

C

Challenge des Tages

Überleg dir, welche Botschaften beginnend mit „WEITER" dir zu Gott und zur Bibel einfallen. Schreib sie auf, vielleicht jede einzelne auf eine Postkarte, die du immer wieder zur Hand nehmen kannst oder dir sichtbar irgendwohin pinnst. Denk darüber nach, wie du sie in deinem Glauben und in deinem Alltag umsetzen kannst.

FRAGEN

1. WO FINDEST DU ECHTE, EHRLICHE LIEBE UND AKZEPTANZ?

2. WAS VERSPRICHT GOTT DIR IN BEZUG AUF EIN LEBEN, DAS IHM GEFÄLLT UND DAS DICH GLÜCKLICH MACHT? MUSST DU DICH DAFÜR ABRACKERN?

3. WEN WÜRDEST DU GERNE AUF DIE REISE MIT JESUS DURCH DIESE WELT UND AUF DIE SUCHE NACH GOTT MITNEHMEN? VIELLEICHT SCHICKT DIR GOTT DIESE PERSON/EN ODER ER HAT SIE SCHON AN DEINE SEITE GESTELLT?

UNTERSTÜTZER AM STRAßENRAND

> *ALLE GLÄUBIGEN KAMEN REGELMÄSSIG ZUSAMMEN UND TEILTEN ALLES MITEINANDER, WAS SIE BESASSEN.*
>
> Apostelgeschichte 2,44

Noch knapp vier Kilometer. Im Geiste sehe ich mich schon durchs Ziel laufen. Es wird aber noch ein paar Minuten dauern, bis ich meinen ersten Halbmarathon beende. Irgendwie scheinen die letzten Kilometer länger zu werden. Die Kräfte schwinden, die Schmerzen nehmen zu, aber noch tragen mich meine Füße Richtung Ziel. Das Stechen in der Wade wird mich allerdings bis zum Schluss begleiten. Begleitet haben mich auf den 21,0975 Kilometern durch Hannover auch unzählige Zuschauer. Einige davon haben sogar meinen Namen gerufen: „Alex, du schaffst es!" Von den Leuten, die da am Rand stehen, kennt mich keiner. Sie können meinen Namen auf meinem Schild mit der Startnummer lesen. Dennoch tun mir ihre Zurufe gut, sie beflügeln meine Schritte und tragen mich weiter. *Gute Idee des Veranstalters*, denke ich während des Laufens, wenn immer mal wieder jemand meinen Namen ruft.

Als ich kurz vorm Ziel an meiner Gemeinde vorbeilaufe, sehe ich Maria unter den Zuschauern. Sie ist ein älteres Mitglied unserer Gemeinde. Mit mir waren auch ein paar Jugendliche meiner Gemeinde gestartet, die Maria unterstützen wollte. Als ich an ihr vorbeilaufe, strahlt sie mich an und ruft: „Alex, du schaffst es!" Ich freue mich und denke: *Wie großartig wäre eine Gemeinde, die genauso mit Jugendlichen umgeht. Eine Gemeinde, die unterstützend und ermutigend dabei ist und Jugendliche motiviert, das Ziel ihres Lebens zu finden und zu erreichen.*

Ist das nur eine Wunschvorstellung? Erfahre ich Unterstützung für mein Leben und meinen Glauben in meiner Gemeinde? Darf ich Fragen stellen, ohne schief angesehen zu werden? Und wie funktioniert das Miteinander: Werden Lebenserfahrungen zwischen den Generationen weitergegeben, ohne dabei belehrend zu wirken? Wird Jugendlichen dabei geholfen, die Fragen ihrer Zeit zu beantworten? Gibt es ein lernbereites Hinhören von Jung und Alt? Schätzt man einander, ohne zu kritisieren? Gibt es ein liebevolles Miteinander und Füreinander?

Das Leben ist voller Herausforderungen sowohl für die ältere Generation als auch für die Jugend von heute. Kaputte Beziehungen, Krankheit, Perspektivlosigkeit oder Versagen können einen aus der Bahn werfen, und man ist plötzlich auf andere angewiesen. Da tut es gut, wenn man Menschen um sich hat, die helfen und da sind, wenn man sie braucht. Unsere Gemeinde sollte voll von solchen Menschen sein.

DIE GEGENSEITIGE UNTERSTÜTZUNG ZÄHLT. DORT IST ES EGAL, OB MAN JUNG ODER ALT, REICH ODER ARM IST.

In Apostelgeschichte 2,44.46–47 wird eine Gemeinde so beschrieben: „Alle Gläubigen kamen regelmäßig zusammen und teilten alles miteinander, was sie besaßen. Gemeinsam beteten sie täglich im Tempel zu Gott, trafen sich zum Abendmahl in den Häusern und nahmen gemeinsam die Mahlzeiten ein, bei denen es fröhlich zuging und großzügig geteilt wurde. Sie hörten nicht auf, Gott zu loben, und waren bei den Leuten angesehen. Und jeden Tag fügte der Herr neue Menschen hinzu, die gerettet wurden." Was für eine unglaubliche Gemeinschaft! Die gegenseitige Unterstützung zählt. Dort ist es egal, ob man jung oder alt, reich oder arm ist. Das Zusammensein zählt. Die Menschen sind glücklich. Dieses Leben wirkt für andere so attraktiv, dass sie ein Teil dieser Gruppe sein wollen.

Ich wünsche dir, dass deine Gemeinde ein Ort voller Menschen ist, die dir im Leben zur Seite stehen. Hör die ermutigenden Rufe deiner Gemeinde. Beteilige dich selbst daran und hilf mit, dass andere Mitgefühl und Annahme erfahren. Wenn das in deiner Gemeinde nicht geschieht, dann mach du den Unterschied. Fang an, für andere da zu sein, und sei derjenige, der am Straßenrand steht, um die Vorbeilaufenden zu ermutigen.

Autor: Alex Vilem

FRAGEN

1. WELCHE VORURTEILE HAST DU GEGENÜBER ÄLTEREN GEMEINDEGLIEDERN?

2. WIE KÖNNTEST DU DIESE ANNAHMEN ENTKRÄFTEN?

3. WOBEI KÖNNTEN DIE ÄLTEREN MENSCHEN IN DEINER GEMEINDE DEINE UNTERSTÜTZUNG BRAUCHEN?

Challenge des Tages

Ladet als Jugendgruppe eine ältere Person ein und lasst euch von früher erzählen. Stellt zum Beispiel folgende Fragen: Welchen Beruf hast du erlernt? Wie hast du deinen Ehepartner kennengelernt? Warum hast du dich taufen lassen?

ICH TRÄUM' MIR EINE GEMEINDE

LIEBE BRÜDER, ICH BITTE EUCH IM NAMEN VON JESUS CHRISTUS, DEM HERRN, DASS IHR DARAUF ACHTET, UNTEREINANDER EINIG ZU SEIN, UND AUFHÖRT, MITEINANDER ZU STREITEN, DAMIT ES NICHT ZU SPALTUNGEN IN DER GEMEINDE KOMMT. ICH BITTE EUCH: STEHT FEST ZUEINANDER, SODASS IHR EINIG SEID IN DEM, WAS IHR DENKT UND WOLLT.

1. Korinther 1,10

In-Ears rein, Mütze auf den Kopf, hinein in die U-Bahn und nur noch meine Musik genießen. So mache ich mich am liebsten auf den Weg zur Ausbildung. Wer kennt nicht den vollen Bus mit ausgerechnet dem Sitznachbarn, der sich gerne breitmacht, einen unruhigen Jungen hinter einem, der mit seinen Füßen ständig gegen den Sitz stößt, oder die Person vor einem, die entweder zu viel Parfüm oder leider gar keins aufgetragen hat ...

WAS MACHT EINE GEMEINDE EIGENTLICH ZU EINEM ORT, AN DEM ICH MICH WOHLFÜHLEN KANN?

Kein Wunder, dass man sich da gerne mal etwas abgrenzt und versucht, möglichst nichts davon mitzubekommen. Vor ein paar Wochen war all das nicht der Fall. In meiner U-Bahn saßen zwei Mädchen ein paar Schritte von mir entfernt auf einem Vierersitz. Ausnahmsweise mal nicht in ein Lied versunken bekam ich das Gespräch der beiden mit und versuchte ehrlich gesagt auch gar nicht, wegzuhören.

Überraschenderweise ging es gerade um Glauben. Also die Ohren gleich noch mal weiter aufgesperrt. Eine der beiden erzählte von ihrer Gemeinde und dass sie sich dort gerne engagiert und sehr wohlfühlt. In Gedanken setzte ich mich daneben, stieg in das Gespräch ein, erzählte von meiner Jugendgruppe und Gemeinde, und schon hatte ich über den gemeinsamen Glauben an Gott neue Kontakte geknüpft. War an dem Tag leider nicht der Fall – ich blieb stehen, stieg an der nächsten Station auch schon wieder aus, und die Situation war vorbei.

Ein paar Fragen blieben trotzdem noch hängen. Was macht eine Gemeinde eigentlich zu einem Ort, an dem ich mich wohlfühlen kann? Wie kann ich dafür sorgen, dass sich andere auch willkommen fühlen? An meiner Gemeinde schätze ich die gute Atmosphäre und Freundlichkeit. Es wird gefragt, wie es einem geht und was einen beschäftigt. Der Gottesdienst ist nicht ein einziges Warten auf das Amen vom Prediger. Außerdem ist Gemeinde für mich nicht nur einmal in der Woche am Sabbat. Man sieht sich auch unter der Woche in Hauskreisen oder beim Sonntagskicken, und wir genießen das jährliche Sommerfest oder den Gemeindeausflug. Der Bibelvers aus dem Brief an die Gemeinde in Korinth ist eine passende Antwort auf die Fragen. Wir sollen erst einmal untereinander einig sein und aufhören, miteinander zu streiten. Klingt doch leicht. Begrüßt auch mal die älteren Geschwister und wünscht ihnen einen schönen Sabbat – genau die freuen sich am meisten über die Jugend. Wenn jemand mit einer Bitte auf euch zukommt, dann sagt in Gedanken nicht gleich ab oder sucht nach einer Ausrede, sondern hört erst einmal bis zum Ende zu. Wenn die

Erwachsenen lieber aus dem „WLG" singen und die Jugend lieber aus „Feiert Jesus",
dann plant im nächsten Gottesdienst einfach für alle Altersgruppen ein paar Lieder
mehr ein. Ich persönlich fühle mich in meiner Heimatgemeinde wirklich gut aufge-
hoben und kann eigentlich schon von einem zweiten Zuhause sprechen. Vielleicht bin
ja nächstes Mal ich derjenige, der in der U-Bahn einem Freund von seiner Gemeinde
erzählt und von ihr schwärmt und so einen heimlichen Zuhörer zum Nachdenken
bringt. Vielleicht bist es ja auch du! Ich wünsche dir eine Gemeinde, die du gerne be-
suchst und mitgestalten kannst, in der sich jeder Gast auf Anhieb willkommen fühlt
und offen für Gottes Botschaft sein kann.

Autor: Leon Freitag

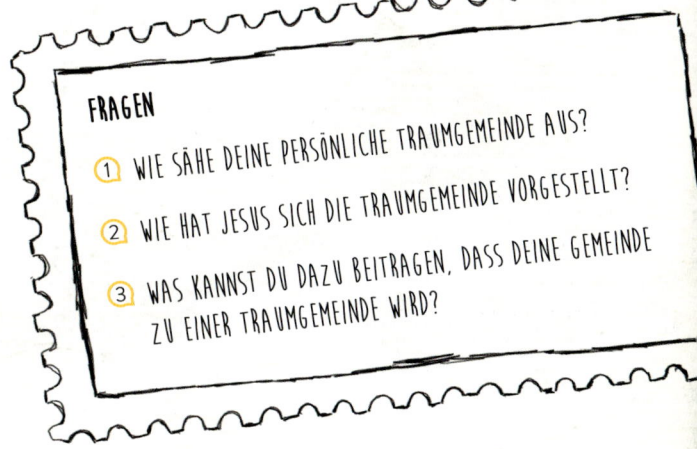

FRAGEN

1. WIE SÄHE DEINE PERSÖNLICHE TRAUMGEMEINDE AUS?

2. WIE HAT JESUS SICH DIE TRAUMGEMEINDE VORGESTELLT?

3. WAS KANNST DU DAZU BEITRAGEN, DASS DEINE GEMEINDE ZU EINER TRAUMGEMEINDE WIRD?

Challenge des Tages

Hast du dir früher auch mal dein Traumhaus gemalt? Vielleicht mit Bällebad, Rut-
schen zwischen den einzelnen Etagen und Swimmingpool im Keller? Schnapp dir
heute ein Blatt Papier und eine Handvoll Stifte und mal deine Traumgemeinde. Du
kannst ganz praktisch rangehen und deine Traumräumlichkeiten aufzeichnen. Ich
empfehle dir aber, auf jeden Fall auch zu visualisieren, wie dort Menschen miteinander umgehen, welche Werte gelebt werden und welche Aktivitäten dort stattfinden.
Was davon könntest du schon bald konkret umsetzen?

ERLEBEN, WAS VERBINDET

ES IST NICHT GUT FÜR DEN MENSCHEN ALLEIN ZU SEIN.

1. Mose 2,18

Erleben, was verbindet. Diesen Slogan eines großen Telekommunikationskonzerns kennen wahrscheinlich viele. Er verspricht grenzenlose Erreichbarkeit und Vernetzung. Viele Menschen wünschen sich eine solche Vernetzung. Sie wollen immer Menschen um sich haben, um nicht alleine sein zu müssen. Denn alleine zu sein ist weder erstrebenswert noch besonders schön.

24

Ein großes Pfadfinderzeltlager mit Lagerfeuer, Singen und Geländespielen macht erst mit vielen anderen richtig Spaß. So gibt es viele Dinge, die uns verbinden. Ob der BVB, die Leidenschaft für Schlittenhunde oder das Kino, das ist erst einmal nebensächlich.

Wir sind dazu geschaffen, die Verbindung zu anderen zu suchen. Gott selbst stellte das direkt am Anfang der Bibel klar: Es ist nicht gut für den Menschen alleine zu sein. Und schon schuf er einen zweiten Menschen. Ist das nicht wunderbar, dass Gott uns in Verbindungen geschaffen hat?

Ich merke das auch regelmäßig beim Sport. Ich habe vor gut fünf Jahren mit dem Laufsport angefangen und die meiste Zeit alleine trainiert. Aber besonders in der Phase der Wettkampfvorbereitungen merkte ich, dass ein Trainingspartner mir helfen würde. Ein Partner ist hilfreich, um effektiver zu trainieren. Er motiviert mich, auch wenn ich nicht mehr kann, und stachelt mich an, weil ich natürlich besser sein will als er. Er gibt mir Tipps, wie ich noch besser laufen kann, und achtet auf die korrekte Lauftechnik, damit ich das absolute Maximum erreiche. Es funktioniert viel effizienter und besser, wenn man in Verbindung mit anderen Läufern ist, ein Feedback bekommt und zusammen trainiert. Und nach einem erfolgreichen Wettkampf, wie zum Beispiel einem Halbmarathon, kann man sich gemeinsam über das erreichte Ziel und den gesamten Lauf freuen.

MIT JESUS AN MEINER SEITE BIN ICH NIE ALLEINE!

Beim Sport merke ich persönlich also besonders stark, wie gut es ist, dass Gott uns für eine Verbindung, eine Beziehung zu anderen Menschen ausgelegt hat. Doch die stärkste Verbindung, die jemals existiert hat und heute noch existiert, ist die zwischen Jesus und den Menschen. Zwischen dem Schöpfer und seinen Geschöpfen. Diese ist so groß, dass er für mich am Kreuz starb. Für mich kleinen Menschen. Für einen von vielen. Dies ist die stärkste Verbindung, die selbst die Bindung zwischen Mutter und Kind übertrifft. Und ich kann aus eigener Erfahrung sagen, dass diese Liebe sehr gewaltig sein muss, um die Liebe meiner Mutter noch zu toppen. Diese gigantische

———

Liebe, diese riesige Verbindung spüre ich jeden Tag aufs Neue. ==Mit Jesus an meiner Seite bin ich nie alleine!==

Autor: Marvin Czeratzki

FRAGEN

① IN WELCHEM BEREICH DEINES LEBENS UND BEI WELCHEN HERAUS-FORDERUNGEN TUT ES DIR GUT, DICH MIT ANDEREN ZU VERBINDEN?

② WAS BEDEUTET ES, MIT ANDEREN VERBUNDEN ZU SEIN? HEIßT DAS, DASS DU NIE WIEDER PRIVATSPHÄRE ERLEBST?

③ WELCHE ART VON VERBINDUNG BIETET JESUS DIR AN?

Challenge des Tages

Gib dir einen Ruck: Bitte jemanden um Hilfe, wo du bislang vielleicht zu stolz dafür warst. Und dann beobachte, wie sich vielleicht festgezurrte Knoten lösen und Jesus dich dadurch beschenkt, dass er dir andere Menschen an die Seite stellt.

WARUM ES NICHT SCHLIMM IST, PREDIGTEN ZU VERGESSEN

UND WEIL WIR AUCH FÜREINANDER VERANTWORTLICH SIND, WOLLEN WIR UNS GEGENSEITIG DAZU ANSPORNEN, EINANDER LIEBE ZU ERWEISEN UND GUTES ZU TUN.

Hebräer 10,24
(Neue Genfer Übersetzung)

Ich stieg die knarzenden Holzstufen nach oben und öffnete die Tür zum Mutter-Kind-Raum. Es war zehn vor neun. Bevor der Kindergottesdienst um neun Uhr begann, machte ich Bekanntschaft mit den anderen kleinen Besuchern. Zu Freunden sollten sie an diesem Tag jedoch nicht werden ... Gegenüber den Gleichaltrigen erwähnte ich stolz, dass ich seit einigen Wochen in die Schule gehen würde. (Ich war noch in dem Alter, in dem man jeder Unterrichtsstunde entgegenfieberte.) Hinterlistig bat mich daraufhin ein Mädchen, einen Text aus der Kinderlektion vorzulesen. Nun hatte ich ein Problem. Mein Wissensstand beschränkte sich auf acht Buchstaben. Damit konnte ich den Text nicht einmal erahnen. Wie peinlich. Es wurde noch schlimmer, als das Mädchen den Text mit hämischer Freude fließend vorlas. Sie war ein Jahr jünger als ich und noch lange nicht in der Schule. Ich grub mir gedanklich

MENSCHEN SIND DER GRUND, WARUM ICH HEUTE NOCH IN DER GEMEINDE BIN.

ein großes Loch, um darin verschwinden zu können. Doch so leicht kam ich aus dieser Situation nicht heraus. Hätte ich doch nur mehr gelernt und statt Löwenzahn im Fernsehen zu schauen häufiger die Tageszeitung in die Hand genommen. Ein Junge, der vier Jahre älter als ich war, schien Mitleid mit mir zu haben. Mit Kugelschreiber schrieb er etwas auf ein Blatt Papier. Es herrschte eine gespannte Stille im Raum. Er drehte das Blatt zu dem verschlagenen Mädchen und fragte: „Na, kannst du **das** lesen?" Weder sie noch ein anderer im Raum konnte das. Vermutlich lag es nicht nur an der Schreibschrift, sondern auch an seiner Sauklaue. Aber mit dieser großartigen Geste hatte er sich hinter mich gestellt. Als Großer beschützte er mich, den Kleinen. Das habe ich bis heute nicht vergessen.

Der christliche Schriftsteller Tertullian (ca. 160–220 n. Chr.) stellte eine nachdenkenswerte Behauptung auf: „Ein Christ ist kein Christ." Damit meinte er, dass man als Christ nicht alleine sein könne, sondern ein Gegenüber, also die Kirche von Christus brauche. Die christliche Lehre, so wertvoll sie ist, ist nicht alles. Letztlich geht es um Beziehung zu Gott und zu Menschen. Und Menschen sind der Grund, warum ich heute noch in der Gemeinde bin.

Wenn du auch schon seit deiner Kindheit in der Gemeinde bist, frag dich einmal: An welche Predigt kannst du dich erinnern? Ich bin ehrlich: Ich kann mich ganz schwach an eine Predigtgeschichte und an zwei Kindergeschichten im Gottesdienst erinnern. Das war's. Aber Erinnerungen an Begegnungen mit Freunden, Pfadfinderleitern und älteren Geschwistern gibt es massenweise. Eine alte Frau schenkte mir nach dem Gottesdienst immer Süßigkeiten. Auch wenn sie damit vielleicht Karies begünstigte und ihr Geschenk eher nicht der Gesundheitsbotschaft entsprach, zeigte mir das, dass sie sich über meine Anwesenheit freut. Der Pfadileiter, der mich aufgedrehten Halbstarken Stunde um Stunde ertrug, sagte mir durch seine Geduld, dass ich wichtig und wertvoll bin. Dasselbe drückten auch die vielen älteren Geschwister aus, die mich nach dem Gottesdienst ansprachen und mir ein Lachen schenkten. Diese

Menschen hatten mich gern – und ich hatte sie gern. Der Altersunterschied? Egal. So wichtig mir Predigt, Wahrheit und Theologie heute sind, die kostbarste Zeit als Kind in der Gemeinde war nicht die Stunde, in der ich auf meinem Stuhl saß und der Predigt zuhörte (häufig war das eine Qual). Es war die Zeit nach dem Gottesdienst, wo ich Menschen begegnete und Freundschaften schloss.

Das Band der Gemeinschaft hielt mich in der Gemeinde, da sie für mich zu einem Ort wurde, wo man zusammenhält, gemeinsam anpackt, miteinander Gott lobt, wo man lacht, aber auch weint, weil man **eine Familie** ist. Die positiven Auswirkungen der Begegnungen mit den wunderbaren Menschen, die für mich da waren, die mich gern hatten und die auf meiner Seite standen, nahm ich leider erst im Erwachsenen- alter bewusst wahr. Aber das hat mich dazu veranlasst, für andere da zu sein, um auch ihnen Halt zu bieten und ihnen durch meine Möglichkeiten zu zeigen, wie wertvoll sie in meinen und vor allem in Gottes Augen sind.

Autor: Martin Böhnhardt

Challenge des Tages

Bedanke dich bei drei Menschen, die dir als Antwort auf Frage Nummer 3 in den Sinn gekommen sind, für die Situa- tionen, die du mit ihnen erlebt hast. Tu ihnen etwas Gutes! Du kannst sie am Sabbat direkt ansprechen, ihnen einen Brief schreiben oder sie zu Hause besu- chen und eine Blume vorbeibringen. Sie werden Augen machen!

FRAGEN

1. „EIN CHRIST IST KEIN CHRIST." WIE STEHST DU ZU DIESER AUSSAGE? BRAUCHST DU GEMEINDE? BRAUCHT DEINE GEMEINDE DICH?

2. AN WIE VIELE UND WELCHE INHALTE AUS PREDIGTEN UND KINDERGESCHICHTEN ERINNERST DU DICH?

3. UND AN WELCHE WERTVOLLEN BEGEBEN- HEITEN UND BEGEGNUNGEN MIT MENSCHEN IN DER GEMEINDE ERINNERST DU DICH?

FÜRSORGE

Lass dich ermutigen, liebevoll und mitfühlend auf andere Menschen
zuzugehen und sie so anzunehmen, wie sie sind! Tritt für andere ein,
unterstütze sie, wo es dir möglich ist, und hab die Größe,
auch selber um Unterstützung zu bitten!

────────

WIE WAR DAS NOCH GLEICH MIT DER NÄCHSTENLIEBE?

WENN DER FUSS SAGEN WÜRDE: „ICH BIN KEIN TEIL DES KÖRPERS, WEIL ICH KEINE HAND BIN", SOLLTE ER DESHALB NICHT ZUM KÖRPER GEHÖREN?

1. Korinther 12,15

Ich sitze im Zug. Es ist morgens kurz nach sechs Uhr, und ich bin noch im Halbschlaf. Brrr! Brrr! Mein Handy vibriert und reißt mich aus meinen vernebelten Morgenträumereien. Ich wecke mein Telefon aus dem Stand-by-Modus (warum soll das Ding auch länger schlafen als ich?) und schaue nach, wer mich denn da so früh „nervt".

NÄCHSTENLIEBE BEDEUTET NICHT, JEDEN MENSCHEN ZU EINEM BESTEN FREUND ZU MACHEN.

—————

Kennst du das auch? Du bist müde, gestresst, genervt, willst deine Ruhe haben – und genau **dann** reißt dich jemand aus deinen Tagträumen. Wie reagierst du? Ziehst du dich in dein Schneckenhaus zurück? Was wäre, wenn der andere deine Hilfe braucht, ein Ohr, das ihm zuhört, eine Schulter zum Anlehnen? Damit sind wir schon bei der ersten Frage, deren Antwort unser Miteinander verändern kann:

1. VERSCHWENDE ICH MEINE KOSTBARE ZEIT, WENN ICH FÜR MEINEN NÄCHSTEN DA BIN?

Oft laufe ich gehetzt durchs Leben, bin unter Strom und in chronischer Zeitnot. Die Uhr muss ich noch von der Reparatur abholen, dann kurz beim Schreibwarenladen rein und auf dem Rückweg noch einkaufen. Wenn ich so viel erledigen kann, was meinen Luxus fördert, warum verschließe ich dann allzu gerne die Augen vor dem Obdachlosen, der mir wie jeden Tag vorne an der Ecke entgegenlächelt und einen angenehmen Tag wünscht? Habe ich nicht wenigstens zwei Minuten, um mit ihm zu reden? Oder kann ich ihm nicht beim Einkaufen ein belegtes Brötchen mitbringen, über das er sich garantiert freuen wird? Warum laufe ich freundlich lächelnd an der Oma im Treppenhaus vorbei, ohne ihr die Taschen abzunehmen? Würde mir das so viel Zeit rauben?

2. LOHNT ES SICH, GENAU HINZUHÖREN?

Morgens in der Meisterschule: Der Dozent bittet alle 20 Meisterschüler zu sich nach vorne. Er grinst uns an und sagt nichts. Verwundert schauen wir uns gegenseitig an und fragen uns, was so wichtig ist, dass er uns nach vorne geholt hat. Nach einer geraumen Zeit der Stille fragt er: „Wisst ihr eigentlich, wie laut ihr seid und was ihr hier für ein Halligalli macht?" Betretenes Schweigen.

Ist das nicht symptomatisch für unsere Zeit? Schneller, höher, weiter und am besten auch noch lauter. Wer einmal in den Bergen war und sich einen einsamen Platz auf einem Gipfel gesucht hat, der weiß, was Stille ist. Man hört ganz wenige Dinge, die einen von absoluter Stille ablenken können – einen weit entfernt kreischenden Adler oder das Pfeifen eines Murmeltiers. Dinge, die man im normalen Straßenlärm gar nicht wahrnehmen würde.

Diese „leisen Stimmen" können auch unsere Mitmenschen haben. Eine Bitte, die uns nicht per Einschreiben mit Rückschein erreicht, sondern vielleicht nur vorsichtig formuliert wird; ein Lob, das nicht vor einer großen Menschenmenge über uns ausgesprochen wird, sondern von einer alten Dame dankbar lächelnd, aber mit leiser Stimme überbracht wird. In unserem Alltag gibt es so viele leise Stimmen, die nur darauf warten, gehört zu werden.

3. MUSS ICH JETZT MIT JEDEM BEFREUNDET SEIN?

Das Thema Fürsorge hat Gott uns durch seinen Sohn auf einzigartige Weise vorgelebt. Durch ihn hat er uns gezeigt, was wahre Nächstenliebe ist. Das sollte uns im Alltag als Anleitung und Ratgeber dienen, wenn es darum geht, für unsere Mitmenschen da zu sein, ihnen beizustehen und anzupacken.

Es sollte jedoch nicht Intention unserer Nächstenliebe sein, jeden unserer Mitmenschen zu einem „besten Freund" zu machen. Das wäre definitiv der falsche Ansatz und auch nicht der Wunsch Gottes. Hauptgedanke bei der Fürsorge sollte die Nächstenliebe an sich sein, die Freude am Helfen, Zuhören, Unterstützen, Begleiten. Die Nächstenliebe kann unser Antrieb sein, mit offenen Augen und Ohren durch die Welt zu gehen, auf die Großen und Kleinen, auf die Lauten und Leisen zu achten. Wir sind als Menschen in eine Gemeinde, in eine Familie, in ein Umfeld hineingeboren, das aus vielen verschiedenen Gliedern besteht. Jeder dieser Körperteile hat seine Berechtigung, seine Funktion, seine

Aufgabe. Gott will uns dabei helfen, Nächstenliebe und Fürsorge zu zeigen, sie zu leben und in der besten Weise mit jedem einzelnen „Körperteil" umzugehen.

Autor: Hinnerk R. Höhmann

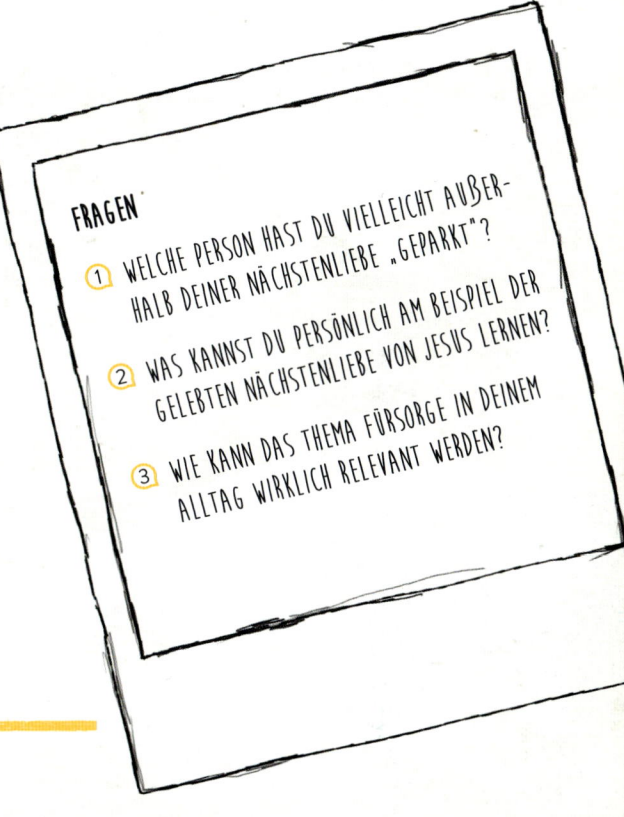

FRAGEN

① WELCHE PERSON HAST DU VIELLEICHT AUSSER-HALB DEINER NÄCHSTENLIEBE „GEPARKT"?

② WAS KANNST DU PERSÖNLICH AM BEISPIEL DER GELEBTEN NÄCHSTENLIEBE VON JESUS LERNEN?

③ WIE KANN DAS THEMA FÜRSORGE IN DEINEM ALLTAG WIRKLICH RELEVANT WERDEN?

Ⓒ

Challenge des Tages
Achte heute ganz besonders darauf, mit welchen Augen und Ohren du durch deinen Alltag gehst. Wo kannst du Zeit schenken, wo eine „leise Stimme" wahrnehmen, wem wodurch ein Nächster sein?

MEINE GEMEINDE, EIN ZUHAUSE UND ICH

ALS JESUS KAM, BLICKTE ER ZU ZACHÄUS HINAUF UND RIEF IHN BEIM NAMEN: „ZACHÄUS!", SAGTE ER, „KOMM SCHNELL HERUNTER! DENN ICH MUSS HEUTE GAST IN DEINEM HAUS SEIN."

Lukas 19,5

Zuhause. Was bedeutet dieses Wort eigentlich? Wie oft schreiben wir unseren Freunden auf die Schnelle: „Ich bin zu Hause!", oder nach einem tollen Abend: „Ich fahre gerade nach Hause!" Warum definieren wir in diesen Fällen unseren Zielort als „Zuhause"?

Als mein 18. Geburtstag vor der Tür stand und meine Abiturprüfungen geschrieben waren, wusste ich: Es ist allerhöchste Zeit, mein Zuhause zu verlassen. Ich sehnte mich nach der Freiheit, eigene Entscheidungen zu treffen, und nach einer freien Fläche, auf der ich Spuren hinterlassen könnte. Für mich war es dran, das Zimmer im Hotel Mama zu räumen. Aber wenn man sein Zuhause verlässt, muss man zwangsläufig darüber nachdenken, wo ein neues entstehen kann. Was wünscht man sich für den Ort, an dem man sich zu Hause fühlen kann?

Liebe, Geborgenheit, Akzeptanz, Interesse, Verständnis, Sicherheit, Harmonie. Das sind wohl die Schlagwörter, die einem zuerst in den Sinn kommen, wenn das Stichwort „Zuhause" fällt. Aber bei vielen Freunden beobachte ich, dass die Realität oft anders aussieht und der Gedanke an Zuhause nicht immer mit positiven Gefühlen verknüpft ist. Auseinandersetzungen, Differenzen, Streit, Wut, Hilflosigkeit und Missverständnisse gehören oft ebenso dazu. Über die Jahre hinweg sind es diese Gefühle und Situationen, die aus einem Zuhause nur noch ein Haus machen, in dem man aufgewachsen ist, kombiniert mit den Menschen, die einen großgezogen und bis zu einem bestimmten Zeitpunkt begleitet haben. Aber ein Haus ist noch lange kein Zuhause.

Ein Sprichwort sagt sinngemäß: Zuhause ist, wo Liebe wohnt, wo Erinnerungen geboren werden, wo Herzen füreinander schlagen, wo Freunde immer willkommen sind und wo jederzeit ein Lächeln auf dich wartet. Zuhause ist nicht zwangsläufig nur das Haus, in dem man aufwächst, sondern jeder Ort, an dem man sein kann, wer man ist, und akzeptiert wird, ganz gleich was man tut.

Als Steuereintreiber hatte Zachäus eigentlich ein gutes Leben. Er besaß viel Geld und hatte von allem mehr als genug. Aber wäre er auf den Baum geklettert wie ein kleines Kind, wenn er mit dem Zuhause zufrieden gewesen wäre, das er sich geschaffen hatte? Jesus kannte Zachäus. Er wusste von seiner tiefen Sehnsucht nach Liebe und Akzeptanz. Aber niemand wollte etwas mit ihm zu tun haben, weil sein Handeln in der Gesellschaft als „falsch" galt. Für Jesus ist richtiges Handeln allerdings keine Bedingung für seine Liebe. Deswegen hielt er auf seinem Weg durch Jericho vor dem Feigenbaum an. Er ließ sich nicht durch im Weg hängende Blätter beirren, sondern sprach zu diesem verlorenen, unzufriedenen Mann: „Komm schnell herunter, denn ich muss heute Gast in deinem Haus sein!" Jesus wollte nicht vielleicht, irgendwann, wenn es Zachäus keine Umstände bereitet, zu gegebener Zeit mal bei ihm vorbeischauen. Nein, Zachäus spürte, dass da jemand war, der sich in diesem Moment der Sehnsucht für sein Leben interessierte – der sich für **ihn** interessierte. Und er nahm Jesus „mit Freude" auf, weil dieses Gefühl der Annahme sein Leben verändert hatte.

Echtes Interesse am anderen kann Leben retten und Veränderung bewirken. Wenn wir bereit sind, auf Menschen zuzugehen, die vielleicht am Rand unserer Gemeinde stehen, dann können wir überrascht werden, zu welcher Veränderung Menschen fähig sind, weil sie sich angenommen fühlen. Gemeinde muss nicht nur ein Haus sein, gefüllt mit Menschen, denen man einmal in der Woche flüchtig Hallo sagt. Gemeinde kann zu einem Zuhause für dich und für andere werden, wo Liebe wohnt, wo Erinnerungen geboren werden, wo Herzen füreinander schlagen, wo Freunde immer willkommen sind und wo jederzeit ein Lächeln auf dich wartet. Aber um aus einem Haus ein Zuhause zu machen, braucht es Menschen, die zum anderen hingehen und sagen: „Schieb die Blätter zur Seite und komm runter von deinem hohen Ast, ich möchte heute Zeit mit dir verbringen!" Sei mutig und suche Gelegenheiten, wo du für andere Jesus sein kannst. Du kannst Leben retten!

Autorin: Nele Scheer

FRAGEN

① WIE SOLLTE EIN ZUHAUSE FÜR DICH AUSSEHEN? WELCHE WERTE SOLLTEN DORT GELEBT WERDEN?

② ZUHAUSE IST, WO ... WIE WÜRDEST DU DIESEN SATZ BEENDEN?

③ WAS KANNST DU DAZU BEITRAGEN, DASS GEMEINDE ZU EINEM ZUHAUSE FÜR DICH WIRD? UND WAS WÜNSCHST DU DIR VON ANDEREN?

Challenge des Tages

Denk einen Augenblick an deine Gemeinde (oder deine Jugendgruppe). Gibt es jemanden, den du gerne näher kennenlernen würdest? Eine Person, der du schon immer eine Frage stellen wolltest? Oder einen Außenseiter, der kommt und geht, ohne dass es jemand bemerkt? Versuche heute, mit dieser Person in Kontakt zu treten. Schreib einen Brief, ruf an oder verabrede dich in einem Café. Sei dem anderen ein Zuhause!

IN DER S-BAHN BUTTER SCHLAGEN

ER KNIETE SICH NEBEN IHN, BEHANDELTE SEINE WUNDEN MIT ÖL UND WEIN UND VER-BAND SIE. DANN HOB ER DEN MANN AUF SEINEN EIGENEN ESEL UND BRACHTE IHN ZU EINEM GASTHAUS, WO ER IHN VERSORGTE.

Lukas 10,34

Du bist morgens in der S-Bahn auf dem Weg zur Uni. Wenn man in die Gesichter der Menschen guckt, könnte man denken, dass die Freundlichkeit ein verlängertes Wochen-ende hat und erst morgen anfängt zu arbeiten. Die meisten sind in ihr Smart-phone vertieft. In einer Nacht kann sich bei Facebook eine Menge getan haben. Und wenn mir niemand geschrieben hat, dann hat bestimmt irgendjemand ein lustiges Katzenvideo gepostet. Nach-dem Facebook abgegrast ist, geht es weiter zu WhatsApp, Twitter und Candy Crush. Es gibt an so einem Morgen viel zu tun. Schließlich sind seit dem Beiseitelegen des Mobiltelefons gestern Nacht schon acht Stunden vergangen.

Wenn jetzt eine Schwangere, ein älterer Herr oder eine junge Mutter mit Kind zusteigen und keinen Sitzplatz finden, interessiert das niemanden. Wieso sollte es auch? Mit den Augen nach unten gerichtet bekommt das kaum einer mit. Jeder kämpft für sich selbst. Nur weil die Frau schwanger ist, hat sie ein größeres Anrecht auf den Sitzplatz als ich? Ich muss heute eine Prüfung schreiben, das ist auch nicht einfach; und überhaupt, was kann ich denn dafür, dass sie schwanger ist? Soll sie doch mit dem Auto fahren.

WIE OFT VERSUCHEN WIR ABER WIRKLICH, SO WIE JESUS ZU SEIN?

Vielleicht kannst du dich noch an die Armbänder mit den Buchstaben „W.W.J.D." erinnern. What would Jesus do? Ich weiß nicht, wie du über diesen Satz denkst. Vielleicht denkst du, dass Jesus anders war als wir. Er war perfekt und vollkommen, wir sind aber nur sündige Menschen. Das stimmt. Aber was meint die Bibel dazu? Jesus selbst hat gesagt: „Ihr sollt aber vollkommen sein, so wie euer Vater im Himmel vollkommen ist." (Matthäus 5,48) Jesus war ein großer Prediger, der wusste, wie man die Menschen mit Worten erreichen kann. Und er war auch jemand, der sich um seine Mitmenschen sorgte, sie annahm und ihnen vertraute. Eine beeindruckende Darstellung dieses Prinzips finden wir im Gleichnis vom barmherzigen Samariter. Oft halten uns vielleicht Angst vor Enttäuschungen, Unsicherheit oder Vorurteile davon ab, auf Menschen zuzugehen und sie anzusprechen.

Jesus zog durchs Land, heilte Kranke, rief die Kinder zu sich und verbrachte Zeit mit den Ausgestoßenen der Gesellschaft. Wahrscheinlich können wir nicht exakt das Gleiche tun wie Jesus, aber oftmals fängt es schon mit den kleinen Dingen in unserem täglichen Leben an. Was spricht dagegen, in der S-Bahn aufzustehen, den älteren Herrn freundlich anzulächeln, ihm meinen Platz anzubieten und mit ihm ein kurzes Gespräch anzufangen? Vielleicht denkst du jetzt: *Ich bin aber nicht so! Ich biete meinen Platz immer anderen an.* Dass es einige gibt, die das tun, möchte ich auch gar nicht bestreiten. Es soll ein Beispiel sein, das verdeutlicht, wie oft wir heutzutage einfach nur noch für uns selbst leben und andere aus den Augen verlieren.

Manchmal habe ich das Gefühl, dass wir uns als Christen bezeichnen, zum Gottesdienst gehen und auch sonst ganz gute Menschen sind. Wie oft versuchen wir aber wirklich, so wie Jesus zu sein und die Menschen in unserem Umfeld anzunehmen, um einen Unterschied zu machen? Wie oft erinnern wir uns bewusst an den Charakter des Begründers des Christentums? Wir sollen seinem Vorbild folgen und andere Menschen annehmen, wie er es getan hat, damit auch andere Gottes unendliche Liebe spüren. Der Frosch im Milcheimer, der zu schnell aufgibt zu paddeln, ertrinkt in der Milch. Doch der Frosch, der nicht aufgibt, schlägt die Milch zu Butter und springt lebend aus dem Eimer. Wir sollten in unserem Leben nicht nur mit Milch zufrieden sein, sondern mehr Butter schlagen!

Autor: Filip Kapusta

FRAGEN

① WAS BEEINDRUCKT DICH AM MEISTEN AN DER ART VON JESUS, AUF MENSCHEN ZUZUGEHEN?

② WAS HÄLT DICH DAVON AB, HÄUFIGER IN KONTAKT MIT MENSCHEN ZU TRETEN, DIE NICHT DIREKT ZU DEINEM FREUNDESKREIS ODER DEINER FAMILIE GEHÖREN?

③ WAS KÖNNTE IM SCHLIMMSTEN ODER IM BESTEN FALL PASSIEREN, WENN DU FREUNDLICH AUF EINE FREMDE PERSON ZUGEHST?

Challenge des Tages

Versuche heute, dich zu überwinden und auf einen Fremden zuzugehen, jemanden freundlich anzusprechen oder jemandem einen Gefallen zu tun, der damit nicht rechnet. Wie kannst du heute konkret Butter in der S-Bahn schlagen?

IN DEN MOKASSINS EINES ANDEREN LAUFEN

ER WIRD DIE HERZEN DER VÄTER IHREN KINDERN UND DIE HERZEN DER KINDER IHREN VÄTERN ZUWENDEN.

Maleachi 3,24

HAST DU DICH SCHON EINMAL GEFRAGT, WELCHE BEDÜRFNISSE ALTE MENSCHEN HABEN?

Entdeckst du auch gerne neue Länder? Warst du schon einmal in einer für dich fremden Kultur? Alles ist neu. Die Sprache. Die Gerüche. Die Traditionen. Die Geräusche und Farben. Bei der Einordnung und Beurteilung von Situationen und Erlebnissen kannst du im Grunde genommen fast auf keine dir bekannten Erfahrungen zurückgreifen. Während ich von meinen Eltern einen bösen Blick erhielt, wenn ich beim Essen schlürfte, gehört das in China zum guten Ton bei den Mahlzeiten. Menschen im Norden von Europa reduzieren bei Begegnungen mit anderen Menschen ihren Körperkontakt auf ein Minimum. Mein italienischer Freund dagegen legt während einer Unterhaltung wie selbstverständlich seinen Arm um meine Schulter, greift meinen Arm oder berührt mit seiner Wange meine beim Begrüßungskuss. Wenn ich mich mit anderen Kulturen und Menschen beschäftige, entdecke ich gerade dann, wenn ich glaube, dass ich sie verstanden habe, wieder etwas Neues und Unbekanntes. Manche verunsichert das, andere finden es spannend.

Vor Kurzem war ich bei einem Seniorennachmittag in meiner Gemeinde. Alle Teilnehmer waren älter als 70 Jahre. Ich fragte sie: „Was, glaubt ihr, ist für junge Menschen wichtig?" Nach einer langen Zeit der Stille meinte eine Frau: „Annahme, sie brauchen einen Menschen, der sie so annimmt, wie sie sind." Jemand anderes sagte: „Ruhe und Stille. Das Leben der Jugendlichen ist so schnell und laut, da brauchen sie einen Gegenpol in ihrem Leben." „Regeln und Richtlinien", antwortete die eine, „Freiheit und Unabhängigkeit", sagte der nächste. Bei der Beantwortung dieser Frage gingen sie teilweise von ihren eigenen Erfahrungen und ihrer Geschichte aus. Anderen gelang es, sich in die ganz andere Welt der Jugendlichen hineinzuversetzen.

> WO WIR IN DAS HERZ EINES MENSCHEN SCHAUEN, LASSEN WIR UNS VON NICHTS ABSCHRECKEN.

Hast du dir schon einmal Gedanken darüber gemacht, welche Bedürfnisse alte Menschen haben? Welche Bedürfnisse hat die Generation deiner Eltern? Oder die Generation der Teenager? Wenn wir darüber nachdenken, merken wir vielleicht, wie schwer es ist, sich in die anderen hineinzuversetzen. Aber damit fängt es an. Ein indianisches Sprichwort sagt: „Um einen Menschen zu verstehen, musst du eine Meile in seinen Mokassins gelaufen sein." Das bedeutet, dass ich mich auf ihn einlasse und mich in ihn hineinversetze. Das braucht Zeit und ist eine bewusste Haltung. Kannst du dir vorstellen, in den Mokassins einer alten Schwester oder eines alten Bruders in deiner Gemeinde zu gehen? Was würdest du sehen und erleben? Wie würdest du die junge Generation sehen? Wo würdest du sie um Hilfe bitten? Was wäre dir wichtig? Wie würdest du dich in die Gemeinde einbringen (können)?

Ganz am Ende des Alten Testaments steht ein Text, der die Situation in der Gesellschaft beschreibt, bevor jeder zu den Konsequenzen seines Handelns stehen muss. Im Zentrum dieser Gerichtsszene steht jedoch nicht die Verurteilung von Menschen, sondern die Versöhnung der Generationen: „Er wird die Herzen der Väter ihren Kindern und die Herzen der Kinder ihren Vätern zuwenden." Da, wo wir in das Herz eines anderen Menschen schauen, lassen wir uns nicht vom Alter, vom anderen Denken, von der anderen Lebenssituation abschrecken. Wir schauen dahinter – und entdecken vielleicht einen ganz anderen Menschen.

Ich träume von einer Gemeinde, in der junge und alte Menschen gemeinsam an einem Tisch sitzen und miteinander ins Gespräch kommen. Ich träume davon, dass eine Jugendliche nicht einsam zu Hause vor sich hin grübelt, sondern eine Rentnerin aus ihrer Gemeinde anrufen kann, die Zeit zum Zuhören hat. Ich träume davon, dass ein alter Mann nicht mit seinen technischen Problemen am Computer alleine bleibt, sondern ein Jugendlicher aus der Gemeinde dabei geduldig hilft. Ich träume von einer Gemeinde, in der wir den Mut haben, aufeinander zuzugehen.

Machst du mit, sodass der Traum kein Traum bleibt, sondern Realität wird?

Autor: Michael Brunotte

FRAGEN ◯

1. WARUM IST ES AUCH FÜR DICH SELBST WERTVOLL, EINMAL ABSTAND VON DEN EIGENEN BEDÜRFNISSEN ZU NEHMEN UND ZU VERSUCHEN, DIE BEDÜRFNISSE EINER ANDEREN GENERATION ZU VERSTEHEN?

2. WIESO IST GOTT DER ZUSAMMENHALT ZWISCHEN DEN GENERATIONEN SO WICHTIG?

3. WESHALB SIND DIE EIGENHEITEN JEDER EINZELNEN GENERATION FÜR DIE ANDEREN UNVERZICHTBAR?

C

Challenge des Tages

Überleg dir, wo und wie du eine Brücke zu einer anderen Generation (Kinder, Teenager, Erwachsene) schlagen kannst. Tu dich dabei ruhig mit anderen Jugendlichen zusammen. Denkt verrückt und kreativ!

EINFACH MAL DAS TUN SEIN LASSEN

Heute schon gelikt? Ein cooles Video oder den lustigen Kommentar deines besten Freundes? Oder soll es doch lieber ein Dislike-Sticker sein, weil deine Freundin mal wieder keine Zeit für dich hat? Facebook sei Dank ist es uns ein Leichtes zu zeigen, ob wir mit gewissen Dingen einverstanden sind oder nicht. Auf welche Buttons

GOTT DAGEGEN BEWEIST UNS SEINE GROSSE LIEBE DADURCH, DASS ER CHRISTUS SANDTE, DAMIT DIESER FÜR UNS STERBEN SOLLTE, ALS WIR NOCH SÜNDER WAREN.

Römer 5,8

Gott wohl klicken würde, wenn er unser Leben anschaut? Nicht alles, was wir tun, gefällt Gott. Aber sind wir denn immer mit Gott einverstanden?

Klar sind wir Gott dankbar, wenn wir einen schönen Tag erleben durften. Doch was, wenn wir mal wieder durch die Prüfung gerasselt sind oder unsere Beziehung am Abgrund steht? Ein Blick ins Internet reicht für weitere Fragen: Warum musste der schreckliche Terroranschlag Dutzende Menschen töten? Warum werden kleine, unschuldige Kinder von Psychopathen auf dem Spielplatz misshandelt? Warum hast du nicht eingegriffen, Gott? Menschen treffen Entscheidungen. Manche gefallen uns, manche nicht. Manchmal müssen wir wegen anderer Leute leiden – manchmal ist es umgekehrt. Das ist nicht Gottes Schuld. Es geschieht einfach. Und dennoch stellt sich mir die Frage: Warum greift Gott hier ein, dort aber nicht? Ist das nicht unfair? Willkürlich? Ich habe auf diese Frage keine Antwort. Ich weiß nur eines: Ich bin mit Gott lange nicht immer einverstanden.

Eines habe ich bei alledem jedoch bisher nicht getan: daran gezweifelt, dass ich zu Gott eine Beziehung haben möchte. Der Grund dafür ist das, was ich mit Gott erleben durfte: Bei Gott geht es in erster Linie nicht um das Tun, sondern um das Sein! In Römer 5,8 schreibt Paulus: „Gott dagegen beweist uns seine große Liebe dadurch, dass er Christus sandte, damit dieser für uns sterben sollte, als wir noch Sünder waren." Gott tat alles dafür, damit wir zu ihm eine Beziehung haben können, – obwohl er wusste, dass wir ihn weiter verletzen werden. Gott liebt dich, weil du bist, wer du bist. Das bedeutet aber nicht, dass er mit allem, was du tust, einverstanden ist. Und umgekehrt: Wir müssen auch nicht immer mit Gottes Tun oder Nicht-Tun einverstanden sein. Wir dürfen sauer sein. Aber wir sollten sein Tun nicht mit seinem Sein verwechseln. So wie Gott dich annimmt, wie du bist, solltest du ihn annehmen, wie er ist, und versuchen, ihn zu verstehen, und einfach an ihm festhalten.

BEI GOTT GEHT ES IN ERSTER LINIE NICHT UM DAS TUN, SONDERN UM DAS SEIN!

Das gilt nicht nur für unsere Beziehung zu Gott, sondern auch für die zu unseren Mitmenschen – gerade in unserer eigenen Gemeinde. Doch oftmals ver-

halten wir uns eher wie die beiden Männchen in dem kleinen Comic. Klar haben wir unterschiedliche Meinungen und Ansichten. Ob Sex vor der Ehe praktiziert werden darf, wird von Jugendlichen unterschiedlich gesehen. Für manche gehören moderne Musikstile zu einem wesentlichen Bestandteil ihrer Anbetung von Gott. Für andere hingegen ist das kein angemessener Weg, Gott die Ehre zu geben. Genauso, wie wir mit Gottes Tun oft nicht einverstanden sind, sind wir auch mit den Meinungen und dem Tun unserer Geschwister in der Gemeinde oft nicht einverstanden. Mancher sagt dann: „Lasst uns über die Themen reden", und für ihn reicht der Dialog aus. Einem anderen ist es aber wichtig, eine Sache auch festzumachen. Doch genau hier liegt doch das Problem: Beiden geht es nur um die Sache, das Denken und das Tun. Wenn Gott uns annimmt, wie wir sind, und wir Gott annehmen, wie er ist, – warum tun wir dies dann nicht auch mit unseren Mitmenschen? Die Themen mögen wichtig sein, doch unser Gegenüber ist mehr als nur eine Meinung oder eine Denkweise. Vielleicht sollten wir im anderen wie Gott einfach mal mehr den Menschen selbst sehen – nicht in seinem Tun, sondern in seinem Sein. Als Mensch mit seiner eigenen Geschichte. Und dabei einfach auf die Seite des anderen gehen und versuchen, ihn zu verstehen. Dann müssen Unterschiede auch nicht mehr zwingend trennen. Weil etwas viel Größeres entstanden ist: Beziehung. Und die hilft nicht nur den beiden Männchen im Comic weiter, sondern auch uns in den Gemeinden.

Autor: Nils Podziemski

FRAGEN

1. DENKST DU, ES IST OKAY, MIT GOTT NICHT IMMER EINER MEINUNG ZU SEIN?

2. WAS KANN DIR HELFEN, MENSCHEN ZU VERSTEHEN, DIE EINE GANZ ANDERE ÜBERZEUGUNG HABEN ALS DU?

3. WIE KANNST DU LERNEN, MENSCHEN MIT „GOTTES AUGEN" ZU SEHEN?

Challenge des Tages

Triff dich mit einer Person, die ganz anders denkt als du. Versuch in dem Gespräch alles zu tun, um diese Person zu verstehen. Hör mehr zu, als zu reden. Lass ihre Ansichten einfach stehen und bring nicht automatisch deine eigene gegensätzliche Meinung ins Spiel. Frag dich hinterher: War das nun anstrengend? Oder viel mehr erfrischend?

WIE MIR EINE PLATZWUNDE HALF, JESUS ZU VERSTEHEN

HÖRT MIR ZU! IN DIESEM MANN, JESUS, FINDET IHR VERGEBUNG FÜR EURE SÜNDEN. WER AN IHN GLAUBT, WIRD VON ALLER SCHULD FREI UND VOR GOTT GERECHT GESPROCHEN.

Apostelgeschichte 13,38–39

D ie Worte meiner Mutter klangen mir auf dem Weg in die Schule im Ohr nach: „Spiel in der Pause nicht ‚Der Kaiser schickt seine Soldaten aus‘. Du hast dich dabei schon einmal verletzt." *Ich habe doch gesagt, dass ich es nicht tun werde,* dachte ich beleidigt. Als meine Klassenkameraden sich in der großen Pause für das Kaiserspiel in zwei Reihen aufstellten, war es mit meiner Überzeugung vorbei. *Es wird schon nichts passieren.* Doch dann geschah es. Als ich versuchte, die Reihen der anderen zu durchbrechen, gaben sie nicht nach und ich fiel auf den Hinterkopf. Ich hatte eine blutende Wunde, die eine herbeigeeilte Lehrerin verarztete. Als meine Mutter zu Hause das Pflaster sah, fragte sie sofort: „Ist das beim Kaiserspiel passiert?" „Nein, beim Rumrennen", rutschte es mir heraus. Meine Mutter schaute mich lange an, bevor sie mich in den Arm nahm.

GOTT WÄSCHT FÜßE – NICHT KÖPFE.

Wie elend fühlte ich mich! Tag für Tag ging mir durch den Kopf: *Geh zu ihr und sag die Wahrheit!* Fast zwei Jahre vergingen. Eines Tages hielt ich es nicht mehr aus. Ich sehe mich noch heute auf meine Mutter zugehen und sagen: „Mama, damals, als ich mich am Kopf verletzt habe, da habe ich gelogen. Ich habe doch das Kaiserspiel gespielt. Es tut mir leid. Bitte verzeih mir!" Endlich war es raus. Was dann passierte, damit hatte ich nicht gerechnet. Meine Mutter drückte mich und meinte: „Gut, dass du es mir gesagt hast. Ich habe es die ganze Zeit gewusst. Ich hatte mit deiner Lehrerin gesprochen. Ich habe immer gehofft, dass du es selbst bekennst. Ich verzeihe dir. Schade, dass du nicht früher gekommen bist, denn ich habe dir angesehen, dass dich das sehr belastet." Ich hätte das herrliche Gefühl der Vergebung und Annahme schon viel früher erleben können! Dieses Erlebnis machte mir die Liebe meiner Mutter deutlich und half mir, früher den Weg zu ihr zu suchen. Ich wusste, sie hat immer ein offenes Herz und Ohr für mich.

Der Apostel Petrus hatte ein ähnliches Erlebnis mit Jesus. Die Bibel berichtet in Johannes 13 vom Passahmahl, bei dem Jesus seinen Jüngern die Füße wusch. Petrus protestierte dagegen und musste sich die Vorhersage anhören, dass er Jesus drei Mal verleugnen würde. Auch dagegen protestierte er heftig. Genau das traf ein, und nachdem ein krähender Hahn die Prophezeiung bestätigt hatte, lief Petrus weinend davon. (Lukas 22,54–62)

Drei Momente sind mir hier wichtig: Direkt nach dem Hahnenschrei kam es zum kurzen Blickkontakt zwischen Jesus und Petrus. (Vers 61) Das sagt mir, dass Gott mich fest im Blick hat. Doch sein Blick vernichtete Petrus nicht. Gottes Blick gilt zuerst der Wiederherstellung von zerbrochenen Beziehungen. Der zweite Moment ist die Bitte des Engels, der nach Jesu Auferstehung den Frauen, die nach Jesus suchten, ausdrücklich auftrug, auch Petrus zu sagen, dass der Herr auferstanden ist. (Markus 16,7)

Der dritte wichtige Moment passierte wenige Tage danach. Petrus war mit seinen Kollegen beim Fischen. Die ganze Nacht fingen sie nichts. Am nächsten Morgen stand jemand am Ufer, der ihnen riet, es auf eine ganz andere Weise als sonst zu probieren. Als Petrus erkannte, dass es der auferstandene Jesus war, sprang er ins Wasser und schwamm ihm entgegen. (Johannes 21,1–17)

Offensichtlich ging es ihm, wie es mir als Kind mit meiner Mutter ging. Er wollte so schnell wie möglich zu Jesus, um alles wieder in Ordnung zu bringen. Und Jesus schenkte ihm nicht nur Vergebung. Er nahm ihn wieder an und vertraute ihm das Wichtigste auf Erden an: Menschen, jung und alt, denen er Mut machen sollte, die Nähe Gottes zu suchen. Petrus hatte ihn als einen fürsorglichen Gott erlebt, der ihn begleitete, auch wenn er sein Versagen kannte. So ist unser Gott! Er kennt uns durch und durch. Er sieht unsere Bedürfnisse, kümmert sich um uns und hilft uns zu lernen, ihm zu vertrauen. Er hat es gezeigt, indem er Füße und nicht Köpfe wusch. Er ist ein vergebender Gott, schon bevor ich zu ihm komme. Das macht Mut!

Autor: Rainer Wanitschek

FRAGEN

1. WELCHE UNAUFGELÖSTEN ERLEBNISSE UND BEGEGNUNGEN SCHLUMMERN VIELLEICHT IN DIR?

2. WIE STEHEN SIE DIR MÖGLICHERWEISE IM WEG, UM GOTT ZU SUCHEN, IHN WIRKLICH ZU VERSTEHEN UND SEINE GRENZENLOSE LIEBE ANZUNEHMEN?

3. WELCHE ASSOZIATIONEN HAST DU ZUM BEGRIFF DER FÜRSORGE?

Challenge des Tages

Möglicherweise erinnerst du dich an eine Begebenheit, die noch nicht zu einem guten Ende gekommen ist. An etwas, das dir schwer auf den Schultern und auf dem Herzen liegt. Schau hin, auch wenn es vielleicht erst einmal wehtut. Wen brauchst du, um diese Situation zu klären? Du musst nichts überstürzen. Lass dich mit himmlischer Ruhe und Kraft stärken, um „Altlasten" anzugehen. Unser fürsorglicher Gott wünscht sich nichts sehnlicher, als dir Vergebung und Befreiung zu schenken!

TEILHABEN

Lass dich ermutigen, Gaben und Fähigkeiten deiner Mitmenschen
zu erkennen, und dich selber dort einzubringen, wo dir Bereiche
der Mitgestaltung ermöglicht werden!

E-MAIL AN GOTT

ABER ALLE, DIE IHRE HOFFNUNG AUF DEN HERRN SETZEN, BEKOMMEN NEUE KRAFT. SIE SIND WIE ADLER, DENEN MÄCHTIGE SCHWINGEN WACHSEN. SIE GEHEN UND WERDEN NICHT MÜDE, SIE LAUFEN UND SIND NICHT ER- SCHÖPFT.

Jesaja 40,31 (Hoffnung für alle)

Sie hatte es geschafft. Gerade noch. Der Vorlesungssaal war schon über- füllt. Ihre Freundinnen, die mit ihr die Präsentation hielten, warteten schon ganz ungeduldig. Völlig außer Atem setzte sie sich zu ihnen. Der Tag hatte wie immer begonnen: vom Hinauszögern des Aufstehens bis hin zum übereilten Aufbruch. Vor lauter Eile hatte sie Kaffee über ihre Bibel geschüttet, die in einer Ecke des Schreibtischs lag und sie jeden Tag daran erinnerte, dass sie schon seit Ewigkeiten nicht mehr darin gelesen hatte. An manchen Tagen überkam sie deswegen ein schlechtes Gewissen. *Bin ich ein richtiger Christ?*, fragte sie sich dann. Die Präsentationsgruppe wurde aufgerufen. Sie betete noch ein stilles „Bitte, Gott, hilf mir, die richtigen Worte zu finden!", als sie gemeinsam vor die Studenten traten. Eineinhalb Stunden später war es vorbei. Sie hatten ihre Sache gut gemacht. Sogar der Dozent war begeistert. Sie schickte ein „Danke!" zum Himmel und nahm sich fest vor, sich heute Abend im Gebet ausdrücklich für Gottes Unterstützung zu bedanken.

Am Abend kam sie erschöpft nach Hause. Sie war hundemüde und wollte nur noch ins Bett. Ihr fiel wieder ein, was sie sich am Morgen vorgenommen hatte. Die nötige Konzentration für ein längeres Gebet brachte sie jedoch nicht mehr auf. Schlafen. Das war das Einzige, was sie noch denken konnte. Kurz bevor sie vom Schlaf übermannt wurde, betete sie noch: „Danke, lieber Gott, dass du mir heute bei der Präsentation geholfen hast. Bitte lass uns alle gut schlafen und morgen wieder froh und gesund aufwachen."

Ich muss euch etwas gestehen: Ich erkenne mich in dieser Geschichte sehr gut wieder. In der Bibel findet man eine Reihe von unterschiedlichsten Menschen – und nicht jeder von ihnen ließ Gott in gleicher Weise an seinem Leben teilhaben. Nehmen wir zum Beispiel Paulus. Als er und Silas ins Gefängnis geworfen wurden, beteten sie und lobten Gott laut. Nachdem die beiden ausgepeitscht und misshandelt worden waren, lobten sie Gott. Verrückt, oder? Ich würde nicht auf die Idee kommen, in solch einer Situation zu singen. Doch die beiden setzten ihre Hoffnung auf Gott. Sie waren überzeugt, dass er es richtig machen würde. (Apostelgeschichte 16,16–40)

NACHDEM DIE BEIDEN AUSGEPEITSCHT UND MISS-HANDELT WORDEN WAREN, LOBTEN SIE GOTT.

Im Zeitalter von Facebook, WhatsApp, Twitter, E-Mail und Co. ist das Kommunizieren nicht mehr schwierig. Selbst wenn sich der Gesprächspartner am anderen Ende der Welt aufhält. Oft greifen wir zum Smartphone – sei es aus Langeweile oder ernsthaftem Engagement –, um Freunde an unserem täglichen Leben teilhaben zu lassen. Mit all unseren Höhen und Tiefen. Wieso also nicht auch Gott, dessen Leitung immer frei ist und die kein technisches Problem jemals unterbrechen kann? Gott freut sich, wenn er nicht nur an unseren Problemen, sondern auch an unserem Erfolg und unserer Freude teilhaben kann. Denn er ist es, der den größten Beitrag dazu geleistet hat.

Wenn Gott unser Freund ist, dann lassen wir ihn gern an unserem Leben teilhaben. Sei es mit Gesang, Bibellesen, Gespräch oder Gebet. Und dann brauchen wir uns keine Sorgen mehr zu machen, denn er schenkt uns die Weisheit, um richtige Entscheidungen in unserem Leben zu treffen.

Autorin: Monique von Delft

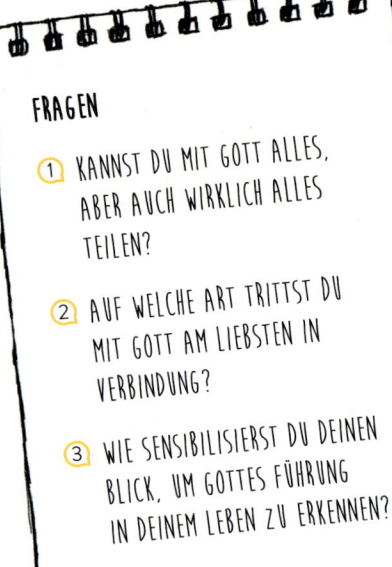

FRAGEN

1. KANNST DU MIT GOTT ALLES, ABER AUCH WIRKLICH ALLES TEILEN?

2. AUF WELCHE ART TRITTST DU MIT GOTT AM LIEBSTEN IN VERBINDUNG?

3. WIE SENSIBILISIERST DU DEINEN BLICK, UM GOTTES FÜHRUNG IN DEINEM LEBEN ZU ERKENNEN?

Challenge des Tages

Erzähl Gott heute immer wieder ganz bewusst, worauf du dich freust, was dich bedrückt und worüber du nachdenkst. Lass ihn – auf welche Weise auch immer – an allem teilhaben und lass den Draht zu ihm nicht abreißen. Dann frag dich abends: Was war an diesem Tag anders?

VOM VEREINSMITGLIED ZUM GROßAKTIONÄR

DENN WENN WIR BIS ZUM ENDE TREU BLEIBEN UND GOTT GENAUSO FEST VERTRAUEN WIE IN DER ERSTEN ZEIT UNSERES GLAUBENS, WIRD CHRISTUS UNS AN ALLEM ANTEIL GEBEN.

Hebräer 3,14

You'll never walk alone – wenn ich diesen atemberaubenden Song auf einem Konzert höre, bekomme ich immer eine Gänsehaut. Dabei ist er nicht einmal besonders anspruchsvoll und auch recht kurz. Aber wenn Tausende Menschen mit mir zusammen diese letzte Zeile singen, sie förmlich herausschreien, wenn der letzte Ton über mich hinwegbraust wie eine Welle, mich packt und noch lange in meinem Ohr widerhallt, dann habe ich das Gefühl, Teil von etwas wirklich Großem zu sein, etwas, das mich und die Menschen um mich herum berührt. Dieses Gefühl, Teil von etwas zu sein, das größer ist als ich selbst, überkommt mich besonders im Fußballstadion. Nicht umsonst ist der Song unter Fußballfans zu einer Hymne geworden und ist vor allem in englischen Stadien häufig zu hören. Im Stadion bin ich wie in einer anderen Welt, draußen plätschert das normale Leben vor sich hin, aber hier,

WENN ICH SCHON IM FUSSBALL-STADION DIESES EUPHORISCHE GEFÜHL HABE, WIE MUSS ES DANN TATSÄCHLICH ERST IN GOTTES REICH SEIN?

inmitten einer grölenden, euphorischen Menschenmenge, bin ich Teil eines großen Ganzen. Hier gibt es nicht mehr mich und meine Probleme, meine Sorgen, meine Befürchtungen. Die habe ich alle an der Eingangstür abgegeben. Hier freue ich mich mit anderen, wenn unsere Mannschaft ein Tor schießt. Hier leiden wir, wenn wir verlieren oder sich ein Spieler verletzt.

Genauso will Gott, dass wir Anteil an seiner neuen, unfassbar großen und schönen Welt haben. Wenn ich schon im Fußballstadion dieses euphorische Gefühl habe, wie muss es dann tatsächlich erst in Gottes Reich sein? Hier darf ich alle meine Sorgen hinter mir lassen, aber nicht nur für 90 Minuten, sondern für die Ewigkeit. Der Text in Hebräer 3 sagt, dass Gott uns bereitwillig alles schenkt, wenn wir ihm treu und fest vertrauen „wie in der ersten Zeit unseres Glaubens".

Als ich mich Mitte der 1990er-Jahre dazu entschied, Fan von Borussia Dortmund zu werden, waren meine Hoffnungen in und mein Glaube an die Mannschaft riesig. Wir hatten damals gerade die deutsche Meisterschaft gewonnen und im Jahr darauf sogar die Champions League. Meine Liebe zum Fußball entflammte. Ich hatte das Gefühl, es würde ewig so weitergehen und der BVB wäre der beste Verein der Welt. Doch die anfängliche Euphorie bekam bald einen jähen Dämpfer, die darauffolgenden Jahre waren sehr turbulent, kurze Zeit drohte sogar der Abstieg. Aber mit jedem Jahr wuchs meine Liebe zu diesem Verein.

Diese treue Liebe dauert nun schon seit 19 Jahren an. Vor wenigen Wochen habe ich mir sogar einige Aktien gekauft, um auch einen kleinen Teil am BVB zu besitzen. Dabei möchte ich gar keinen Gewinn aus diesen Aktien erzielen, ich möchte lediglich ein (stiller) Teilhaber meiner Lieblingsmannschaft sein. Weil mein Anteil am BVB sehr klein ist, gilt meine Stimme nicht viel. Im eigentlichen Geschäft spiele ich quasi keine Rolle. In Gottes Welt ist das anders: Hier sind wir alle Großaktionäre. Jeder hat den gleichen Anteil. Und das Beste ist: Jeder hat eine Stimme, und jede Stimme zählt. Egal, wie klein und unwichtig ich mich fühle, für Gott bin ich unfassbar groß. Wenn ich ihm treu bin und in der Gemeinschaft mit Jesus bleibe, wenn ich diesen anfänglichen, unerschütterlichen Glauben lebe, kann ich Teil dieser fantastischen, neuen Welt sein – aber nicht als stiller Teilhaber, sondern als ein Großaktionär seines ewigen Reichs. Ist das nicht eine lohnenswerte Investition? Ein Spiel dauert 90 Minuten, aber Gottes Reich besteht für die Ewigkeit.

Autor: Carsten Schumann

FRAGEN

1. WAS MEINT DIE BIBEL DEINER MEINUNG NACH DAMIT, WENN SIE VON UNSEREM VERTRAUEN SPRICHT, DAS SO GROSS SEIN SOLL WIE IN DER ANFANGSZEIT UNSERES GLAUBENS?

2. WIE KANNST DU DAS VERTRAUEN UND DEN GLAUBEN „DER ERSTEN ZEIT" LEBEN ODER WIEDERAUFLEBEN LASSEN?

3. FINDEST DU ES GERECHT, DASS BEI GOTT AUSNAHMSLOS JEDER DIESELBE MENGE AN „AKTIEN" IN DER HAND HAT?

Challenge des Tages

Überleg heute, wovon überall du ein Baustein bist. Du bist Teil deiner Familie, deiner Schulklasse, deines Hochschulkurses, deines Sportvereins, deiner Band, deiner Naturschutzgruppe, deiner Gemeinde ... Nun frag dich: Was wäre, wenn du nicht da wärst? Und: Was hat Gott sich dabei gedacht, dich an genau diese Plätze zu stellen? Welche wertvollen Funktionen erfüllst du mit deiner ganz eigenen Art und deinen Gaben?

ICH MÖCHTE DICH DABEIHABEN

> *AM ÜBERNÄCHSTEN TAG WAR DIE MUTTER VON JESUS BEI EINER HOCHZEITSFEIER IN KANA, EINEM DORF IN GALILÄA. AUCH JESUS UND SEINE JÜNGER WAREN ZU DER FEIER EINGELADEN.*
>
> Johannes 2,1–2

Die Sonne hat es gerade über die Berge geschafft. Kühle Luft streicht durch die Felder, und der Tau glitzert in den ersten Sonnenstrahlen. Alles ist ruhig. In diesen morgendlichen Frieden tritt eine kleine Gruppe von Männern. Sie sind einfach gekleidet, ihre ausgetretenen Sandalen und die Lederbeutel, gefüllt mit Wasser, lassen annehmen, dass das nicht ihre erste Wanderung ist. Doch trotz ihres gewöhnlichen Aussehens umgibt sie eine besondere Ausstrahlung. Während

─────

sie schweigend den Weg entlanggehen, hängt jeder seinen eigenen Gedanken nach. Wohin sind sie gerade unterwegs? Jeder hat da seine eigenen Vorstellungen. Petrus, als Mann der Tat, sieht sich schon neben Jesus in der Synagoge stehen und predigen. Schließlich gibt es ein Werk zu tun. Philippus hingegen ist der einzige Jünger mit einem griechischen Namen. Sein Blick geht in die Ferne. Vielleicht wird Jesus sie ja weit weg von Galiläa in ein anderes Land führen, um dort die Menschen für Gott zu begeistern?

Schließlich hält Nathanael es nicht mehr aus: „Jesus, wohin gehen wir eigentlich?" Lächelnd dreht Jesus sich um: „Heute gehen wir auf eine Hochzeit!" Auf eine Hochzeit? Jesus hat doch erst vor ein paar Tagen mit seiner Tätigkeit als Lehrer angefangen. Da sollte er doch lieber keine Zeit verlieren und predigen, was das Zeug hält! Wieso nimmt Jesus sich

WIESO NIMMT JESUS SICH DIE ZEIT, AUF DIESES FEST ZU GEHEN?

trotzdem die Zeit, auf dieses Fest zu gehen? Die Antwort findet sich in Johannes 2,2. Als sich das Brautpaar zusammensetzte, um die Gästeliste zu schreiben, beschloss es anscheinend, dass Jesus dabei nicht fehlen durfte. Für das Paar war es eine Bereicherung, Jesus dabeizuhaben. Sein Glaube machte ihn nicht unangenehm, ganz im Gegenteil. Der Allwissende war kein Besserwisser. Er hatte noch keine Wunder getan und war noch nicht bekannt. Braut und Bräutigam luden Jesus ein, weil sie wollten, dass er an ihrem Leben teilhat. Sie mochten ihn. Er war einer von ihnen. Er sprach mit ihnen auf der Straße, stieg in ihre Boote, besuchte sie in ihren Häusern ... und jetzt kam er auf ihre Hochzeit.

Man konnte nicht nur Spaß mit Jesus haben, sondern er verstand es auch, auf die Nöte und Bedürfnisse der Menschen einzugehen. Als das ganze Hochzeitsfest zu kippen drohte, war es Jesus, der sein erstes Wunder tat und somit dazu beitrug, dass die Gemeinschaft bei diesem Fest nicht durch eine kleine Katastrophe beeinträchtigt wurde. Teilhaben, das bedeutet auch Gemeinschaft haben. Jesus möchte, dass es uns gut geht, und freut sich, wenn wir fröhlich sind und Zeit miteinander verbringen. Gott ist ein Gott der Liebe und somit auch ein Gott der Beziehung. Zusammen zu lachen und zu weinen, einander zu stärken und selber Stärkung zu erfahren, das wünscht er sich für uns.

Wie sieht das mit uns heute aus? Tragen wir zu der Gemeinschaft in unseren Gemeinden bei? Bringen wir uns in der Schule oder an unserem Arbeitsplatz so ein, dass die Menschen uns gern an ihrem Leben teilhaben lassen? So wie das Brautpaar, das beschloss, dass auf einer gelungenen Feier Jesus unmöglich fehlen darf? Manchmal sind ein Lächeln und ein offenes Ohr wichtiger als eine Predigt. Nicht immer, aber eben manchmal.

Autorin: Yasmin Grauenhorst

FRAGEN

① WAS HAT DAS BRAUTPAAR WOHL AM MEISTEN AN JESUS GESCHÄTZT?

② WARUM IST DAS WUNDER, DAS JESUS AUF DER HOCHZEIT VOLLBRACHTE, DEINER MEINUNG NACH DAS ERSTE, VON DEM WIR IN DER BIBEL ERFAHREN?

③ WO SPÜRST DU IN DEINEM LEBEN GANZ DEUTLICH, DASS JESUS DICH GENAU DORT DABEIHABEN MÖCHTE?

Challenge des Tages

Such dir heute jemanden aus deiner Familie oder deinem Freundeskreis aus und schenk dieser Person ein bisschen deiner Zeit. Zeig ihr auf deine Weise, dass sie dir wichtig ist und du an ihrem Leben, an allen Höhen und Tiefen teilhaben möchtest!

WAS TRÄGST DU IN DER GEMEINDE?

Pharrell Williams ist Trendsetter. Er trägt immer die coolsten Klamotten, um die sich jeder reißt. Topmodels schauen eh immer gut aus, egal was sie anhaben. Und Miley Cyrus zieht immer öfter immer weniger an. Wenn ich in den Gottesdienst gehen will, bin ich regelrecht damit überfordert, was mir mein Kleiderschrank zu bieten hat: viel zu viel und nie das Richtige. Dabei ist es egal, ob man ein Kerl oder

GOTT HAT UNSEREN KÖRPER MIT VIELEN GLIEDERN UND ORGANEN GESCHAFFEN UND JEDEM KÖRPERTEIL SEINEN PLATZ GEGEBEN, WIE ER ES WOLLTE. WAS WÄRE DAS FÜR EIN SELTSAMER KÖRPER, WENN ER NUR AUS EINEM EINZIGEN KÖRPERTEIL BESTEHEN WÜRDE!

1. Korinther 12,18–19

ein Mädchen ist. Gut aussehen will doch jeder! Und dann auch noch wohlfühlen … Ganz schön viele Anforderungen an Hemden, Blusen, Röcke und Hosen. Nachdem sich dann ein Mount Everest aus Klamotten in meinem Zimmer türmt, kann ich endlich in die Gemeinde. Während der Predigt schweife ich immer wieder ab: Diese quietschbunte, wildgemusterte Krawatte ist ja voll 90er! Und die Hornbrille ist mehr Streber als Hipster! Später reden wir über den komischen Kleidungsstil des Predigers, aber nicht über die Predigt selbst. Wieso gehe ich noch mal in den Gottesdienst? Um rausgeputzt über die Klamotten anderer zu lästern?

So wie Geschmäcker verschieden sind und jeder Kleiderschrank etwas anderes zu bieten hat, ist auch in der Gemeinde jeder ein anderer Vogel: aufbrausend, aber ideenreich, schüchtern, aber organisiert, leise, aber tiefgründig. Jeder ist anders und jeder kann etwas anderes. Hauptsache, alle sind dabei. Stell dir vor, es ist Gottesdienst und keiner kommt … Oder wie wäre das, wenn alle gleich wären, der Gemeindeleiter, die Sänger, der Prediger: wenn sie alle schüchtern wären und sich lieber zu Hause verstecken würden? Oder wenn alle nur auf die Bühne wollten, aber niemand freiwillig in der Küche für die Jugend kochen würde?

WAS WÄRE DAS FÜR EIN SELTSAMER KÖRPER, WENN ER NUR AUS EINEM EINZIGEN KÖRPERTEIL BESTEHEN WÜRDE!

In der Bibel steht: „Gott hat unseren Körper mit vielen Gliedern und Organen geschaffen und jedem Körperteil seinen Platz gegeben, wie er es wollte. Was wäre das für ein seltsamer Körper, wenn er nur aus einem einzigen Körperteil bestehen würde!" Jeder Körperteil will etwas Schickes anziehen, sich gut fühlen. Und jeder Teil will auch seinen individuellen Job: Das Hirn denkt, das Herz fühlt, der Bauch darf futtern – sogar deine kleinen Zehen haben eine Funktion. Ohne die würdest du alle paar Meter mit einem lauten Rumms auf den Boden fallen. Also: Wenn du es in der Gemeinde staubtrocken findest, dann bist **du** die/der Erste, die/der etwas dagegen machen kann. Wenn du gern Musik machen willst, dann hau in die Tasten! Trau dich, mach was, weil Gott es so will. Er hat dir tolle Talente und fantastische

Fähigkeiten gegeben. Und so kannst du ein Teil der Gemeinde sein und mitbestimmen, wie es läuft. Die Gemeinde besteht nicht nur aus den „Alten", die ihren Job schon seit vielen Jahren erledigen. Gott hat in der Bibel immer junges Gemüse gewollt: Josia wurde mit acht Jahren der König von Juda. Samuel war noch ein Kind, als Gott ihn rief. Und Jesus hat mit knapp 14 schon im Tempel gelehrt. Also ran an den Speck und rein ins Getümmel: Die Gemeinde braucht dich – und **du** hast am meisten davon!

Autoren: Steffi Stahl und Nick Langhammer

FRAGEN

① ALSO, WAS TRÄGST DU IN DER GEMEINDE? NUR DAS HEIßESTE TRENDSHIRT? ODER MEINST DU NICHT, DIR STÜNDE AUCH VERANTWORTUNG GANZ GUT?

② WAS KANNST DU GUT (BETEN, ZUHÖREN, KOCHEN, ORGANISIEREN, ZEICHNEN, DEKORIEREN, AUF KINDER AUFPASSEN …)?

③ WAS HÄLT DICH DAVON AB, DICH MEHR IN DER GEMEINDE ZU ENGAGIEREN?

Challenge des Tages

Wie viel Zeit verbringst du mit Klamotten (vor dem Spiegel dein Outfit checken, shoppen, anziehen)? Zähl heute die Minuten und versuche, genauso viel Zeit darin zu investieren, zu überlegen, was du in deiner Gemeinde tun könntest.

GOTTES LUFT SCHNUPPERN

DIE GOTTESFÜRCHTIGEN ABER WERDEN SICH FREUEN. SIE WERDEN FROH SEIN IN DER GEGENWART GOTTES. SIE WERDEN MIT FREUDE ERFÜLLT WERDEN.

Psalm 68,4

In den vergangenen Tagen ging folgende Schlagzeile durch die Medien: „Irre eBay-Auktion: Fans verkaufen Konzert-Luft für 65.000 US-Dollar." *Verrückt*, dachte ich mir, als mir bewusst wurde, dass es sich hier um einen tatsächlichen Vorgang handelte und nicht nur um einen erfundenen Spaßtitel. Unglaublich, wozu Fans in der Lage sein können und welchen Preis sie bezahlen, um sich ihrem Star nahe zu fühlen. Für einen „Teil" oder „Nicht-Teil" seines Lebens sind etwa 90 Bietende bereit, Unsummen an Geld auszugeben, der Höchstbietende gewinnt. Unweigerlich kommen mir Personen in den Sinn, die in unterschiedlichen Berichten in der Bibel beschrieben werden und keine Mühen scheuten, um Jesus ganz nahe zu sein. Da gibt es zum Beispiel einen kleinen Mann namens Zachäus, der Jesus unbedingt sehen möchte und deshalb extra auf einen großen Baum klettert. (Lukas 19,1–10) Oder eine kranke Frau, der kein Arzt helfen kann und die sich durch die Menge drängt, um Jesu Mantel von hinten zu berühren. (Matthäus 9,19–22)

> UNGLAUBLICH, WOZU FANS IN DER LAGE SEIN KÖNNEN UND WELCHEN PREIS SIE BEZAHLEN, UM SICH IHREM STAR NAHE ZU FÜHLEN.

Das Faire und Faszinierende an Jesus ist: Er möchte nicht nur eine ausgewählte Zielgruppe ansprechen, die das alleinige Privileg besitzt, seine Anwesenheit zu genießen und göttliche Luft zu schnuppern. Er fragt nicht danach, wer am meisten bietet, um sich einen guten Platz neben ihm zu sichern oder um eine Audienz bei ihm zu bekommen. Er ist für alle da. Er nimmt die Kinder auf den Schoß, er philosophiert mit den Gelehrten, er kümmert sich um die Kranken und Alten und redet mit einer Prostituierten, die von allen anderen verachtet wird. Er ist für alle da. Er ist auch für dich da. Mit einem sympathischen Lächeln streckt er dir seine Hand entgegen, sieht dich an und geht auf dich zu: „Hey! Weißt du, dass ich dich erschaffen habe? Weißt du, wie sehr ich dich liebe und mir wünsche, dass ich ein wichtiger Teil in deinem Leben bin? Gib dich nicht zufrieden mit der stickigen, verschmutzten Luft, die du täglich einatmest. Du hast etwas viel Besseres verdient. Komm ganz nah zu mir. Du sollst mit Freude erfüllt sein."

Gott verkauft seine Gegenwart nicht, er verschenkt sie. Er wartet nicht, bis ein Höchstsatz erreicht ist, um dir nahe zu sein, sondern ist jederzeit dazu bereit. Du auch? Lass dich auf das Abenteuer ein, seine Gegenwart einzuatmen, ewige, göttliche Luft zu schnuppern. Aber Achtung: Es kann dich verändern! So ein Angebot gibt es ganz sicher nicht bei eBay.

Autorin: Lena Bonev

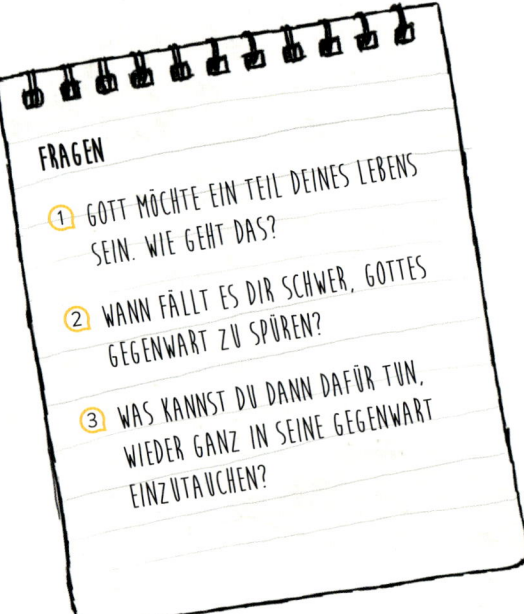

FRAGEN

1. GOTT MÖCHTE EIN TEIL DEINES LEBENS SEIN. WIE GEHT DAS?

2. WANN FÄLLT ES DIR SCHWER, GOTTES GEGENWART ZU SPÜREN?

3. WAS KANNST DU DANN DAFÜR TUN, WIEDER GANZ IN SEINE GEGENWART EINZUTAUCHEN?

Challenge des Tages

Starte einen „Schnupperkurs": Lies in den kommenden Tagen jeweils ein Kapitel aus dem Lukasevangelium (ab Kapitel 5) und beobachte, wie dir die göttliche Luft bekommt. Bereichert sie dich? Verändert sie dich?

WIE FILZFIGUREN MICH ZU JESUS BRACHTEN

DANACH LIESS MOSE JOSUA RUFEN UND SAGTE VOR GANZ ISRAEL ZU IHM: „SEI STARK UND MUTIG! DENN DU SOLLST DIESE MENSCHEN IN DAS LAND FÜHREN, DAS DER HERR IHREN VORFAHREN MIT EINEM EID VERSPROCHEN HAT. DU WIRST ES ALS ERBE UNTER IHNEN AUFTEILEN. HAB KEINE ANGST UND VERLIERE NICHT DEN MUT, DENN DER HERR SELBST WIRD VOR DIR HERGEHEN. ER WIRD BEI DIR SEIN. ER WIRD SICH NICHT VON DIR ZURÜCKZIEHEN UND DICH NICHT IM STICH LASSEN!"

5. Mose 31,7–8

Ich war gerade 15 Jahre alt und mein letztes Jahr als Pfadfinder in meiner spanischen Heimatgemeinde brach an. Ich erinnerte mich an die vergangenen Jahre in meiner Gemeinde: Es war immer spaßig, wir hatten viel unternommen und jede Menge fesselnde Aktivitäten erlebt.

Aber als ich den Jahren entgegenblickte, die sich dieser unbeschwerten und lebenslustigen Zeit in der Gemeinde anschließen würden, beschlich mich ein flaues Gefühl. Es würde alles anders werden. Es gäbe keine verrückten Ausflüge, keine unerschrockenen Nachtwanderungen und keine sportlichen Wettbewerbe mehr. Eigentlich nichts, was mich dazu bringen würde, freiwillig weiter die Gemeinde zu besuchen.

15 JAHRE ALT, KEINE ATTRAKTIVE ZUKUNFT IN DER GEMEINDE – WAS WÜRDEST DU TUN?

Jetzt frage ich dich: 15 Jahre alt, keine attraktive Zukunft in der Gemeinde – was würdest du tun? Manche Teenies hatten in dem Alter schon ein bewegendes Bekehrungserlebnis. Aber natürlich nicht alle. Und gerade für die ist es wichtig, bewusst und aktiv in den Auftrag unserer Kirche eingebunden zu werden. Ich war einer von denen, die zwar davon überzeugt waren, am richtigen Platz zu sein, aber sich noch nicht so richtig entschieden hatten. Ich brauchte noch ein wenig Zeit.

Und da gab es jemanden, der sah, was ich brauchte, und dieser Jemand gab mir die Zeit. Dieser Jemand war meine Mutter. Sie leitete damals den Kindergottesdienst. Und sie verstand, dass ich etwas brauchte, um dranzubleiben. Dranzubleiben, an etwas zu glauben, damit der **Glaube an etwas** irgendwann zum **Glauben an jemanden**, nämlich an Jesus, werden würde. Sie bat mich deshalb, mit ihr jeden Sabbatmorgen die kleinen Filzfiguren, mit denen den Kindern die Bibelgeschichten erklärt wurden, vorzubereiten. Wenn man so darüber nachdenkt, klingt das eigentlich echt albern. Aber: Diese scheinbar triviale Aufgabe ließ mich ins Gemeindeleben involviert sein. Sie ließ mich ein Teil der Gemeinschaft sein ... bis ich schließlich Jesus fand.

Ich werde mein Leben lang meiner Mutter und anderen in der Gemeinde dankbar sein, dass sie genügend Ideen hatten, um mich in die Mission unserer Kirche einzubinden. Dafür braucht es ja noch nicht mal Tausende an zündenden Geistesblitzen und Plänen. Am wichtigsten ist es, unsere Denkweise zu verändern. Ich wünsche mir, dass unsere Kirche versteht, wie wichtig es ist, Teenies und Jugendliche bei jedem einzelnen Schritt mitmachen zu lassen – jedem Schritt auf dem Weg zur Erfüllung des Auftrags, den Gott uns anvertraut hat. Ich wünsche mir, dass die Jugend seinen Aufruf bejaht, Verantwortung übernimmt, mutig nach vorne tritt und sagt: Ja, aber klaro will ich dabei sein!

Mose war vermutlich der herausragendste Leiter, den wir im Alten Testament finden. Er kommunizierte direkt mit Gott, führte die nörgeligen Israeliten aus Ägypten und durch die Wüste, war in allem ein Vorbild. Aber ein Aspekt sticht für mich am deutlichsten hervor: Er setzte sein ganzes Vertrauen in einen jungen Menschen, in Josua, und bildete ihn aus, damit auch er ein überragender Leiter wurde, der das Volk schließlich ins Gelobte Land leiten durfte.

Autor: Jonatan Tejel

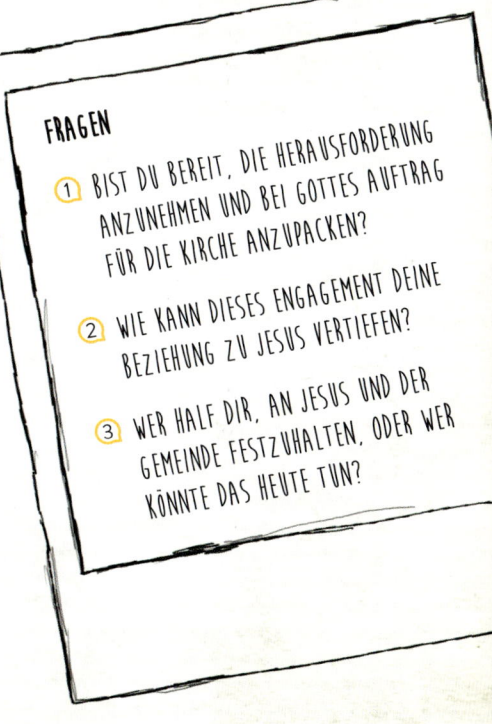

FRAGEN

1 BIST DU BEREIT, DIE HERAUSFORDERUNG ANZUNEHMEN UND BEI GOTTES AUFTRAG FÜR DIE KIRCHE ANZUPACKEN?

2 WIE KANN DIESES ENGAGEMENT DEINE BEZIEHUNG ZU JESUS VERTIEFEN?

3 WER HALF DIR, AN JESUS UND DER GEMEINDE FESTZUHALTEN, ODER WER KÖNNTE DAS HEUTE TUN?

Challenge des Tages

Nicht nur zu Josuas Zeiten stattete Gott junge Menschen mit besonderem Potenzial für ein Leben im Dienst für ihn aus. Auch heute noch ruft er seine Jünger! Nimm die Herausforderung an, für und mit Jesus zu wirken. Sei in dieser Woche und am heutigen Tag dabei, wenn unsere Gemeinde den Auftrag ausführt, den Jesus uns allen gegeben hat, bevor er in den Himmel auffuhr!

ANBETEN

Lass dich ermutigen, Anbetung als tägliche Umsetzung
des Evangeliums zu leben, und entdecke Möglichkeiten,
den Sabbat als besondere Erfahrung zu gestalten!

———

STETIGE ANBETUNG DURCH DANKBARKEIT

*SEID IMMER FRÖHLICH. HÖRT
NICHT AUF ZU BETEN. WAS
IMMER AUCH GESCHIEHT,
SEID DANKBAR, DENN DAS IST
GOTTES WILLE FÜR EUCH, DIE
IHR CHRISTUS JESUS GEHÖRT.*

1. Thessalonicher 5,16–18

Warst du schon einmal auf einem Schiff in Seenot? Stell
dir vor: Tosende Wellen türmen sich un-
bändig auf. Das Schiff wird hilflos vom
Meer hin und her geworfen, als wäre es
nur eine kleine Streichholzschachtel.

Wie sieht es mit Gefangenschaft aus?
Wurdest du schon mal unschuldig einge-
sperrt? Oder warst du schon mal blind?

———

Hat dich schon mal eine giftige Schlange gebissen? Oder wurdest du schon mal von einem wütenden Mob mit Steinen beworfen?

Nein? Ich auch nicht, und darüber bin ich sehr froh. Aber, so schwer vorstellbar es auch ist, Paulus hat jede einzelne der genannten Situationen erlebt und überlebt. Man würde nun wirklich nicht erwarten, dass gerade er auffordert: Seid immer fröhlich! Hört nicht auf zu beten! Seid immer dankbar!

Obwohl wir sicher ein viel bequemeres Leben haben als Paulus, fällt uns wahrscheinlich spontan nicht so viel ein, wofür wir dankbar sein könnten. Das liegt daran, dass wir Menschen vieles schnell als selbstverständlich ansehen.

Ein Mann machte einmal ein Experiment. Er klopfte in einer zufällig ausgewählten Straße an jede Haustür. Wenn jemand die Tür öffnete, bot der Mann dieser Person einen Zehn-Euro-Schein als Geschenk an. Einfach so, ganz ohne Bedingungen. Er erklärte ihnen nicht, warum er es tat, sondern bot ihnen einfach das Geld als Geschenk an. Natürlich waren einige Anwohner misstrauisch und lehnten ab, andere nahmen die zehn Euro verwundert an. Dies wiederholte der Mann exakt eine Woche später zur gleichen Uhrzeit. Diesmal nahmen schon mehr Personen den Geldschein verwundert, aber dankend an. Woche für Woche kam er in diese Straße. Immer am gleichen Tag. Immer mit zehn Euro für jeden Bewohner. Inzwischen nahm jeder das Geld an. Die Menschen fingen sogar an, schon an der Tür auf den Mann zu warten. Nach einigen Wochen änderte der Mann seine Routine. Er ging jetzt nur noch die Straße entlang, ohne den Menschen zehn Euro zu geben. Die Menschen wunderten sich. Einige waren sogar richtig verärgert und beschimpften den Mann. Sie hatten sich so schnell an den wöchentlichen Zuschuss gewöhnt, dass sie glaubten, ein Anrecht darauf zu haben.

> NEHMEN WIR GOTT UND ALLES ANDERE IN UNSEREM LEBEN ALS SELBSTVERSTÄNDLICH HIN? HABEN WIR UNS ZU SEHR DARAN GEWÖHNT?

Geht es uns nicht ähnlich? Wir haben so viel, wofür wir dankbar sein könnten. Du hast ein Zuhause. Du hast eine Familie. Du hast Freunde. Du hast eine Krankenversicherung. Du hast genug zu essen und zu trinken. Du kannst lesen. Und selbst, wenn du diese Dinge nicht hättest: Du hast einen Vater im Himmel, der dich unglaublich liebt. Du hast einen Vater, der sich um dich sorgt. Du hast einen Vater, der heute mit dir Zeit verbringen möchte. Nehmen wir ihn und alle anderen Dinge in unserem Leben als selbstverständlich hin? Haben wir uns zu sehr daran gewöhnt?

Gott gibt uns so viele Geschenke! Er hat uns nicht nur erlöst, sondern er will unser Leben jeden Tag begleiten und verbessern. Ich glaube, dass wir Gott gegenüber unsere Dankbarkeit dafür zu wenig zum Ausdruck bringen. Wir bitten ihn wohl um viel, aber wir danken ihm zu wenig ...

Autor: Benjamin Koldinsky

Challenge des Tages

Komm im Laufe des Tages immer wieder zu Jesus und bete kurz. Halte einige Momente inne und denk darüber nach, wofür du heute dankbar bist. Mach das jeden Tag für eine Woche. Du wirst sehen, dass diese Gespräche mit Gott deinen Blick auf deine Lebenssituation positiv verändern. Diese Form der Anbetung ist wie das Atmen. Und Paulus sagt uns: Hör nie auf damit!

FRAGEN

1. WEN AUS DEINEM BEKANNTENKREIS WÜRDEST DU ALS DANKBAREN MENSCHEN BEZEICHNEN? WAS ZEICHNET DIESEN MENSCHEN AUS?

2. AUF WELCHE BEQUEMLICHKEITEN IN DEINEM LEBEN KÖNNTEST DU NICHT VERZICHTEN?

3. WIE WÜRDE SICH MEHR DANKBARKEIT AUF DEINE LEBENSQUALITÄT AUSWIRKEN?

DATE MIT JESUS

Bioklausur, Shoppen, Extemporale, Fitnesscenter, Hausaufgaben, feiern gehen, Abitur, Kino. Sonst noch was? Jesus? Stimmt!

Kennst du das auch? Da schwirren einem so viele Sachen im Kopf herum, die noch gemacht werden müssen. Jeder will etwas von einem, und der Tag ist viel zu kurz. Und selbst das bisschen Freizeit ist so voll. Alles andere scheint wichtiger zu sein als Jesus. Auf der To-do-Liste steht er an letzter Stelle, wenn er überhaupt darauf vorkommt. Ganz ehrlich, er ist doch nichts Unangenehmes, das man unbewusst vor sich herschiebt, oder?

Wenn ich an Gott denke, dann spüre ich Emotionen in mir. Es sind nicht nur diese Gefühle, die mich mit Gott verbinden, aber sie sind nicht zu unterschätzen. Sie zeigen, wie ich für Jesus empfinde. Wenn man in einer glücklichen Beziehung ist, dann geht man gemeinsam durch dick und dünn und teilt dadurch auch Emotionen wie Freude, Trauer und so weiter. Die Bindung wird

BEI NACHT SIND MEINE GEDANKEN BEI DIR, VOLLER SEHNSUCHT SUCHE ICH DICH.

Jesaja 26,9 (Hoffnung für alle)

dadurch stärker. So ist es auch mit Jesus. Je mehr man miteinander teilt, umso stärker wird die Beziehung. Wenn er dann fehlt, bekomme ich Sehnsucht, wieder Zeit mit ihm zu verbringen. Zugegeben, man braucht dazu aber Momente, in denen man ruhig wird, um die Sehnsucht auch zu spüren.

Meine Emotionen Gott gegenüber spüre ich sehr stark bei bestimmten Bildern, die ich mit ihm verbinde: eine frische Frühlingsbrise, die Umarmung eines guten Freundes oder ein fröhliches Lied, bei dem die Füße machen, was sie wollen. Vielleicht klingt es ungewöhnlich, aber in mir kann auch ein Schluck Kaffee am Morgen diese Emotionen wecken.

Sicherlich kennst du selbst auch Bilder und Situationen, die du mit Gott verbindest. Welche sind es bei dir? Spürst du dabei Emotionen? Hol dir immer wieder deine Bilder vor Augen. Was verbindest du Positives mit Gott? Wenn du das tust, wird es sicher leicht, Gott einen Platz in deinem Leben einzuräumen. Zusätzlich kannst du dich ja mal umschauen, wie du die Beziehung zu ihm wieder individuell pimpen kannst. Morgens vor dem Aufstehen noch gemütlich im Bett die Andacht aus der Bibel-App lesen? Oder in der Straßenbahn einen christlichen Rap anhören? Ganz egal. Eure Beziehung ist einzigartig!

Autorin: Bea Woywood

Challenge des Tages

Denk dir eine neue Art und Weise aus, auf die du Gott heute begegnen und so eurer Beziehung einen kleinen Kick geben kannst. Sei dir sicher: Gott macht alle Experimente mit!

FRAGEN

1. WELCHE BILDER, SITUATIONEN UND ORTE DRÜCKEN DEINE EMOTIONEN GOTT GEGENÜBER AUS?

2. WAS HÄLTST DU DAVON, DIE ZEIT MIT JESUS AUF DEINE TO-DO-LISTE ZU SETZEN?

3. WIE UND WANN KANNST DU GOTTES SEHNSUCHT NACH DIR SPÜREN?

DIE KOSTBARSTE KRONE

ICH DREHTE MICH UM, WEIL ICH SEHEN WOLLTE, WER ZU MIR
SPRACH. DA SAH ICH SIEBEN GOLDENE LEUCHTER. MITTEN
ZWISCHEN IHNEN STAND EINER, DER WIE EIN MENSCH AUSSAH.
ER HATTE EIN LANGES GEWAND AN, UND UM DIE BRUST TRUG
ER EINEN GOLDENEN GÜRTEL. SEINE HAARE WAREN SO HELL WIE
REINE WOLLE, JA LEUCHTEND WEISS WIE SCHNEE. SEINE AUGEN
GLÜHTEN WIE DIE FLAMMEN EINES FEUERS, DIE FÜSSE GLÄNZTEN
WIE FLÜSSIGES GOLD IM SCHMELZOFEN, UND SEINE STIMME
DRÖHNTE WIE EIN TOSENDER WASSERFALL. IN SEINER RECHTEN
HAND HIELT ER SIEBEN STERNE, UND AUS SEINEM MUND KAM
EIN SCHARFES, DOPPELSCHNEIDIGES SCHWERT. SEIN GESICHT
LEUCHTETE STRAHLEND HELL WIE DIE SONNE. ALS ICH DAS SAH,
FIEL ICH WIE TOT VOR SEINEN FÜSSEN NIEDER.

Offenbarung 1,12–17 (Hoffnung für alle)

Es ist ganz klar, wer diese kraftvolle und herrliche Erscheinung in persona ist, von der der Text in der Offenbarung spricht: Jesus. Man möchte nicht glauben, dass er, der die Kraft selbst ist, einmal auf der Erde war. Seine Menschlichkeit, seine Sterblichkeit ist verschwunden. Während die Menschen ihm damals ins Gesicht spuckten und man ihm seine Zerbrechlichkeit, die jedem Menschen anhaftet, ansah, verbreitet er jetzt Ehrfurcht. Eine himmlische Ehrfurcht, die in jeden fährt und jeden auf den Boden zwingt, wenn er sich offenbart. Seine Gestalt strahlt eine Herrlichkeit aus, die jegliches Widerwort und jeglichen Gedanken der Rebellion verpuffen lässt. Er ist das Alpha und das Omega, er umfasst das Ende wie den Anfang von allem. Während Johannes das sieht, erschrickt er so sehr, dass er sich niederfallen lässt. Zu überwältigend war der Anblick des einen Gottes.

> SEINE GESTALT STRAHLT EINE HERRLICHKEIT AUS, DIE JEGLICHES WIDERWORT UND JEGLICHEN GEDANKEN DER REBELLION VERPUFFEN LÄSST. ER IST DAS ALPHA UND DAS OMEGA, ER UMFASST DAS ENDE WIE DEN ANFANG VON ALLEM.

Stell dir vor, wie es ist, zu Füßen des höchsten und einzigen Gottes zu liegen. Zwei Schritte vor dir steht er. Der Raum ist erfüllt von seiner Heiligkeit, und dein Herz ist es ebenso. Jetzt bist du alleine mit dem Schöpfer dieser Welt, mit deinem Schöpfer. Wie fühlst du dich, was würdest du denken? Was sagen? Ich denke, viele würden dort liegen bleiben wie tot. Sich nicht bewegen. Andere würden anfangen zu weinen, vor Freude. Denn zwei Schritte vor dir steht deine Rettung. Die Rettung der Ewigkeiten und der Retter dieser Welt. Du kennst ihn und er kennt dich. Wahrscheinlich empfindest du nicht nur Ehrfurcht, sondern auch Liebe, denn seine Liebe lässt dein Herz dahinschmelzen und gibt ein Gefühl von Geborgenheit. Der gute Kampf ist zu Ende gekämpft. Was wird geschehen? Er kniet sich vielleicht nieder und legt seine rechte Hand auf dich, wie er es bei Johannes tat. Es ist eine freundschaftliche Geste. Sie bricht jede Barriere. Sie scheucht deine

Furcht davon. Ich würde beginnen, schneller zu atmen. Dann spricht er und sagt: „Fürchte dich nicht! Ich bin der Erste und der Letzte und der Lebendige. Ich war tot und bin lebendig für immer und ewig! Ich habe die Schlüssel des Todes und des Totenreichs." (Offenbarung 1,17–18)

Wie fühlst du dich nun? Stell dir die Situation lebhaft vor: Vielleicht schließt er dich in seine Arme und wischt deine Tränen weg, die jetzt doch herunterrinnen? Wie fühlst du dich, wenn er dir deine goldene Krone aufsetzt und dich neu einkleidet, ganz in Weiß? Wie, wenn ihr gemeinsam über die Schwelle des irdischen Lebens schreitet, hinein in das ewige? Würdest du nicht auch der Herrlichkeit des Herrn zujubeln und ihm danken und ihn preisen für das, was er für dich getan hat und noch tun wird?

Autor: Jan Haas

FRAGEN

1. WIE STELLST DU DIR JESUS VOR, WENN DU MIT IHM REDEST?

2. WAS BEDEUTET FÜR DICH EHRFURCHT GEGENÜBER GOTT UND WIE ÄUßERT SIE SICH IN DEINEM LEBEN?

3. WELCHE EMOTIONEN LÖSEN DIE BILDER DES BIBELTEXTS IN DIR AUS?

Challenge des Tages

(Er-)Lebe den Tag in dem Bewusstsein, dass du den verherrlichten Jesus an deiner Seite hast, der dich gekrönt hat.

WAS DER GESTIEFELTE KATER MIT ANBETUNG ZU TUN HAT

KOMMT, LASST UNS DEM HERRN ZUJUBELN! LASST UNS DEN FELS UNSERES HEILS PREISEN! LASST UNS MIT DANK VOR IHN HINTRETEN! LASST UNS LOBLIE-DER AUF IHN ANSTIMMEN.

Psalm 95,1–2

Im gleichnamigen Märchen besucht der gestiefelte Kater den Zauberer, um diesem listig seine Ländereien und sein Schloss abzuluchsen. Der Kater erzählt ihm, wie sehr er ihn bewundere und dass er schon viel von ihm gehört habe. Der Zauberer fühlt sich geschmeichelt und beweist dem Kater seine Zauberkraft, indem er sich zuerst in einen Elefanten und dann in einen Löwen verwandelt. Schließlich verwandelt er sich in eine Maus und wird vom Kater gefressen.

Funktioniert Anbetung genauso? Reden wir Gott gut zu und schmeicheln ihm, damit wir von ihm all die Dinge bekommen, die wir wollen? Ist Anbetung nur Mittel zum Zweck? Etwas, das ich leisten muss, um etwas zu kriegen?

Wenn ich in der Bibel lese, fallen mir viele Stellen auf, an denen Gott angebetet wird. Kain und Abel opfern Gott. (1. Mose 4,3–4) Mose und Mirjam singen Gott zur Ehre nach dem Durchzug durch das Schilfmeer. (2. Mose 15,1–21) David tanzte für Gott vor der Bundeslade her. (2. Samuel 6,14) Salomo betete bei der Einweihung des Tempels kniend und mit erhobenen Armen. (1. Könige 8,54) Und im Neuen Testament lesen wir, wie Gott mit Musik, Gesang und Weihrauch angebetet wird. (Offenbarung 5,6–14) Anbetung kann in ihrer Form so unterschiedlich sein, und doch ist die Motivation dahinter immer gleich. Die verschiedensten Menschen beten Gott auf unterschiedlichste Weise an, weil sie erlebt haben, wie gut Gott zu ihnen ist. Sie sind dankbar und fröhlich und drücken das ihrem liebenden Gott gegenüber aus.

Denken wir an folgende Begebenheit: Da sitzt Jesus an einem Brunnen und unterhält sich mit einer Frau. Diese Frau möchte gerne wissen, an welchem Ort Gott korrekterweise angebetet werden sollte. Daraufhin antwortet Jesus: „Aber die Zeit kommt, ja sie ist schon da, in der die wahren Anbeter den Vater im Geist und in der Wahrheit anbeten. Der Vater sucht Menschen, die ihn so anbeten." (Johannes 4,23)

Anbetung ist kein Programm und ist nicht an irgendeine Form gebunden. Anbetung im Geist bedeutet, dass Gott eben nicht materiell ist. Er ist für uns nicht fassbar. Im Endeffekt ist er für uns weder begreifbar noch denkbar. Wir beten ein Wesen an, das unsere Vorstellungskraft einfach sprengt. So beten wir Gott im Geist an.

IST ANBETUNG ETWAS, DAS ICH LEISTEN MUSS, UM ETWAS ZU KRIEGEN?

Anbetung ist somit eine innere Einstellung, die sich über Gottes Existenz freut und diese feiert. Für mich ist es genial zu wissen, dass ich einen Freund habe, der allmächtig ist und trotzdem immer Zeit für mich hat. Der allwissend ist und mich trotz meiner Fehler mag.

Zugegeben, ich spüre ihn nicht immer. Ich bekomme auch nicht alle meine Wünsche erfüllt und auch nicht jedes Gebet erhört. Manchmal ist mein Leben sogar richtig bescheiden. Aber innerlich weiß ich, dass Gott wie mein Vater für mich und bei mir ist. Das hilft mir, trotzdem weiterzumachen. Gott in der Wahrheit anzubeten heißt genau das. Mit Gott herrscht eine andere Wirklichkeit. Selbst wenn ich ihn nicht sehe, lässt er mich nicht alleine. In jeder Freudenstunde und jeder Trauerstunde freut er sich oder trauert er mit mir. Dafür bete ich ihn an.

Und dann nehme ich auch wahr, wie Anbetung mich selbst wieder aufbaut. Ich persönlich bete Gott am liebsten in Liedern an. Ich singe gerne und merke, wie mir das selbst guttut. Ein Kumpel von mir macht das ganz anders und schreibt Gott Gedichte und ein anderer baut für Gott Skulpturen. Manchmal sitze ich auch nur staunend da und bewundere die Natur, die er geschaffen hat. Die Form kann so vielfältig sein, aber im Endeffekt wird sie immer meine innere Haltung ausdrücken: dass ich mich über Gott freue.

Autor: Ralf Hartmann

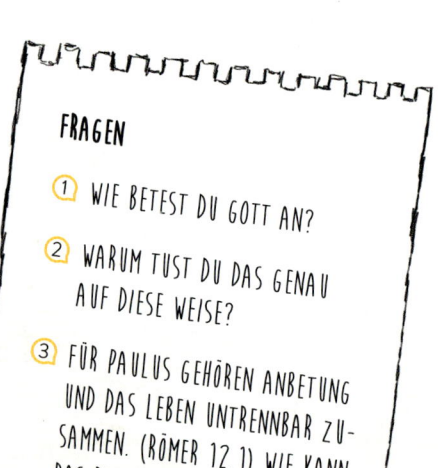

FRAGEN

1. WIE BETEST DU GOTT AN?

2. WARUM TUST DU DAS GENAU AUF DIESE WEISE?

3. FÜR PAULUS GEHÖREN ANBETUNG UND DAS LEBEN UNTRENNBAR ZUSAMMEN. (RÖMER 12,1) WIE KANN DAS REALITÄT WERDEN?

Challenge des Tages

Probier einfach mal eine neue Form aus, in der du Gott deine Freude über ihn zum Ausdruck bringst, ihn also anbetest, und nimm wahr, welche neuen Facetten du dabei vielleicht an dir selbst und an Gott entdeckst.

WENN DU DENKST, ES GEHT NICHT MEHR ...

GEGEN MITTERNACHT BETETEN PAULUS UND SILAS UND LOBTEN GOTT MIT LIEDERN. DIE ÜBRIGEN GEFANGENEN HÖRTEN IHNEN ZU.

Apostelgeschichte 16,25

Paulus hatte allen Grund, auf Gott sauer zu sein. Er saß zusammen mit seinem Freund Silas in einer dunklen Gefängniszelle. Er war angekettet, seine Kleider waren zerrissen und sein Körper war übersät mit blauen Flecken. Was war passiert?

Paulus und Silas waren als erste Christen nach Europa in die griechische Stadt Philippi gekommen und hatten dort das Evangelium verkündet. Sie hatten auch eine Sklavin von einem bösen Geist befreit, der die Zukunft vorhersagen konnte. Die Besitzer der Sklavin hatten mit ihr viel Geld verdient und waren jetzt sehr wütend. Sie schleppten Paulus und Silas vor Gericht, wo die beiden verurteilt wurden. Man ließ sie verprügeln und anschließend ins Gefängnis werfen.

SOLLTE DAS DER LOHN DAFÜR SEIN, DASS SIE IN GOTTES AUFTRAG UNERSCHROCKEN DIE LIEBE JESU VERKÜNDET HATTEN?

Dort saßen sie nun angekettet in einer Zelle, und ihre Körper schmerzten von den Schlägen. Sollte das der Lohn dafür sein, dass sie in Gottes Auftrag unerschrocken die Liebe Jesu verkündet hatten? Sollte ihre Reise hier in diesem Gefängnis ein Ende finden?

Als ich 2013 anlässlich eines Jugendkongresses in Südafrika eine adventistische Gemeinde in Soweto besuchte, nahmen uns die dortigen Diakone mit ins Gefängnis. Jenes Gefängnis war kein schöner Ort. Es war offensichtlich überfüllt, überall standen oder lagen Männer auf den Gängen. Die Matratzen waren dreckig. Die Häftlinge mussten hier oft viele Monate auf ihr Verfahren warten, weshalb viele von ihnen nicht einmal verurteilte, sondern lediglich mutmaßliche Straftäter waren. Sicher waren viele dieser Männer wütend, auf sich selber, auf die Polizei, auf die Gerichte und vielleicht auch auf Gott.

Manchmal laufen die Dinge im Leben nicht so, wie man es sich vorgestellt hat: Am Ende des Schuljahres reichen die Noten nicht zum Weiterkommen, man bekommt nur Jobabsagen, eine Beziehung geht in die Brüche, man verliert einen geliebten Menschen oder man landet selbst im Krankenhaus, weil man anderen helfen wollte.

Die schlechte Nachricht ist: Schlimme Dinge passieren. Nur, weil man an Jesus glaubt und regelmäßig zum Gottesdienst geht, bedeutet das nicht, dass man von Enttäuschungen und Schicksalsschlägen verschont bleibt.

Als wir damals den kleinen Raum betraten, in dem der Gottesdienst für die Häftlinge stattfinden sollte, standen dort etwa 30 Männer. Einige murmelten leise vor sich hin, andere beteten laut, so als würden sie versuchen, mit ihren Gebeten die Wände des Gefängnisses zu durchdringen. Im eintönigen Gefängnisalltag war die Begegnung mit Gott für die Männer ein Trost, und ihre Anbetung war ein Ausdruck von großer Hoffnung.

Obwohl Paulus wirklich allen Grund hatte, sauer auf Gott zu sein, fingen auch er und Silas mitten in der Nacht an, Gott zu preisen und ihm zu Ehren Lieder zu singen. Sie sangen so laut, dass die anderen Gefangenen es hören konnten. Paulus war überzeugt, dass Gott ihn nicht im Stich lassen würde, egal wie ausweglos seine Lage schien. Diese Überzeugung gab ihm Hoffnung. Und die Hoffnung gab ihm die Kraft, seinem festen Glauben sogar in dieser dunklen Gefängniszelle Ausdruck zu verleihen. Dann geschah etwas Außergewöhnliches: „Plötzlich gab es ein heftiges Erdbeben, und das Gefängnis wurde bis in die Grundmauern erschüttert. Alle Tore sprangen auf und die Ketten sämtlicher Häftlinge fielen ab!" (Apostelgeschichte 16,26) Gott befreite seine beiden Angestellten aus ihrer misslichen Lage, weil er mit ihnen noch einiges vorhatte.

Die gute Nachricht ist: Auch wenn es vielleicht manchmal so scheint, lässt Gott dich nicht hängen. Sein Versprechen kannst du in Matthäus 28,20 nachlesen. Und wer weiß, vielleicht hat er mit dir ja auch noch einiges vor?

Autor: Friedemann Besler

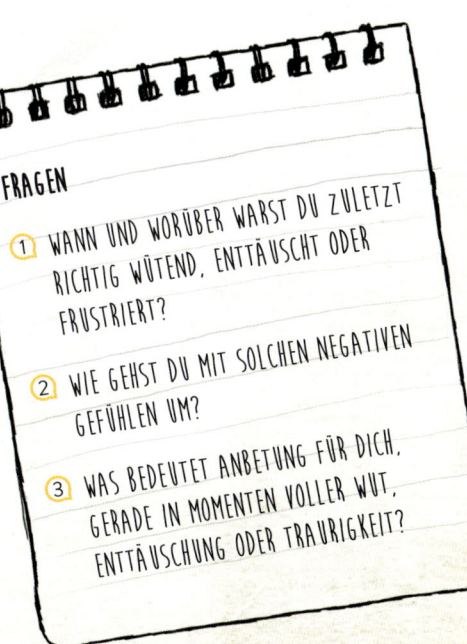

FRAGEN

1 WANN UND WORÜBER WARST DU ZULETZT RICHTIG WÜTEND, ENTTÄUSCHT ODER FRUSTRIERT?

2 WIE GEHST DU MIT SOLCHEN NEGATIVEN GEFÜHLEN UM?

3 WAS BEDEUTET ANBETUNG FÜR DICH, GERADE IN MOMENTEN VOLLER WUT, ENTTÄUSCHUNG ODER TRAURIGKEIT?

Challenge des Tages
Schreib eine Woche lang jeden Tag zehn verschiedene Dinge auf, für die du dankbar bist, – wobei keine Sache zweimal genannt werden darf!

WIE GOTT MICH AUS DEM KNAST RETTETE

RUFE MICH AN IN DER NOT, SO WILL ICH DICH ERRETTEN UND DU SOLLST MICH PREISEN!

Psalm 50,15 (Luther)

Vor fast 20 Jahren habe ich mein Abitur gemacht. Die Schule vorbei, endlich ins Leben springen und nie wieder eine Schulbank drücken. Damals hätte ich nie geglaubt, dass ich die Schule eines Tages sogar vermissen würde. Alle freuten sich auf die Abifahrt – mit dem Zug nach Ungarn, feiern, Spaß haben und auch irgendwie von den Mitschülern Abschied nehmen.

Alles lief perfekt, bis wir an die tschechische Grenze kamen. Weil mein ausländischer Pass kein gültiges Transitvisum hatte, der Grenzbeamte mit dem falschen Fuß aufgestanden war und ich meinen Mund nicht halten konnte, kam es zum Streit, der schließlich eskalierte. Das Ergebnis: Meine Klasse erlebte die schönste Abifahrt der Welt und ich landete im Gefängnis der tschechischen Grenzstation und sollte dem Richter vorgeführt werden. So saß ich da mit meinem Koffer und meinem Discman in einer Zelle, die schon bessere Tage gesehen hatte. Plötzlich wurden nach Mitternacht die Lichter angemacht, und eine Gruppe von Grenzbeamten kam an meine Zelle – ich sollte eine Lektion lernen, eine Abreibung bekommen. Ich hätte mir vor Angst beinahe in die Hose gemacht. Was dann geschah, ist fast unglaublich. Mitten in dem Tumult öffnete sich die Tür zu dem Trakt und zwei Männer kamen herein: deutsche Grenzbeamte, die auf den nächsten Zug nach Deutschland warteten. Einer von ihnen bat die tschechischen Kollegen, die Zelle zu öffnen, um sich zu mir setzen zu können. Und so saßen wir da, bis die Sonne aufging. Am nächsten Morgen durfte ich raus. Keine Abreibung, kein Richter, keine Klage, keine Strafe.

> **MEINE KLASSE ERLEBTE DIE SCHÖNSTE ABIFAHRT DER WELT UND ICH LANDETE IM GEFÄNGNIS DER TSCHECHISCHEN GRENZSTATION UND SOLLTE DEM RICHTER VORGEFÜHRT WERDEN.**

Ich weiß nicht, wie oft ich schon von Gott aus der Not gerettet wurde. Und ich kann mir vorstellen, dass du auch schon erlebt hast, was es heißt, aus der Not gerettet zu werden. Manche haben im Leben Prüfungen bestanden, Krankheiten überwunden, Neuanfänge erlebt, Vergebung erfahren, wurden aus Lebensgefahr gerettet – Dinge, die wir von Gott geschenkt bekommen. Wie reagieren wir, wenn wir so etwas erleben?

Gott sagt zum Menschen, dass er ihn retten will, wenn dieser ihn ruft, und er sagt ihm auch, welche Reaktion er erwartet: „Du sollst mich preisen!" Es gibt verschiedene Möglichkeiten, Gott anzubeten. Eine davon ist es, ihn zu preisen und zu loben. Das bedeutet, anderen Menschen von Gottes Größe, Güte und Liebe zu erzählen. Ihn zu feiern und wirklich begeistert von ihm zu sein, so wie es in den Psalmen steht: „Herr, ich will dich preisen unter den Völkern, ich will dir lobsingen unter den Nationen." (Psalm 57,10, Schlachter)

> ## GOTT WÄRE ES WÜRDIG, ANGEBETET ZU WERDEN, AUCH WENN ER NICHTS FÜR UNS TUN WÜRDE.

Wann hast du das letzte Mal der Welt erzählt, wie großartig dein Gott ist? Ist das vielleicht dein Weg, Gott anzubeten – indem du ihn unter den Völkern preist? Vielleicht kannst du nicht besonders gut mit Worten beten, vielleicht ist die musikalische Anbetung nicht dein Ding, vielleicht bist du auch nicht der emotionalste Mensch auf der Welt – aber du kannst deine Geschichte erzählen, in der Gott dich gerettet hat.

Gott wäre es würdig, angebetet zu werden, auch wenn er nichts für uns tun würde. Er ist heilig und wir sind es nicht. Er ist der Schöpfer, und wir sind seine Geschöpfe. Er spricht, und es geschieht – und wir stehen daneben und können nur staunen. Wie viel mehr verdient er es dann, angebetet zu werden, wenn wir bedenken, was er für uns Menschen tut? Wenn alle Menschen Gott für seine Taten preisen würden – die Welt wäre eine andere. Wenn du Gott für seine Taten preist, dann lebst du in der Anbetung.

Autor: Miki Jovanovic

Challenge des Tages

Erzähl oder schreib jemandem – oder poste es sichtbar für alle, warum du Gott anbetest, von ihm fasziniert bist oder ihn ganz einfach lieb hast.

FRAGEN

1 WELCHE SIND DIE EIGENSCHAFTEN, DIE DICH AN GOTT AM MEISTEN BEGEISTERN?

2 WELCHE FORM DER ANBETUNG PASST ZU DIR AM BESTEN?

3 WARUM TUN SICH VIELE DAMIT SCHWER, GOTT „VOR DEN VÖLKERN ZU PREISEN"?

LEHREN

Lass dich ermutigen, das Wort Gottes und die adventistischen
Glaubensüberzeugungen kennenzulernen und sie relevant,
kreativ und lebensnah weiterzugeben!

———

DIE RADIKALE ANDACHT

*AM NÄCHSTEN MORGEN GING JESUS ALLEIN
AN EINEN EINSAMEN ORT, UM ZU BETEN.*

Markus 1,35

Na, heute schon ins WhatsApp reingeschaut? Bestimmt hast du viele ungelesene Nachrichten, die jeden Morgen auf dich warten. Zumindest ist das bei mir des Öfteren der Fall. Nicht selten ist es das Erste, was ich morgens mache, wenn ich mein Smartphone am Abend vorher nicht ausgeschaltet habe. Jedoch habe ich meinen Morgen vor einigen Jahren etwas umgestellt. Ich bin damals auf den heutigen Bibeltext aufmerksam geworden, bei dem Markus zwischen Dämonenaustreibungen und Jesu Wanderung in eine andere Stadt ein kleines, aber wichtiges Detail erwähnt: Jesus geht morgens, vermutlich noch im Dunkeln, raus an eine einsame Stätte und betet. Er nimmt sich bewusst diese Zeit. Sehr oft ist in den Evangelien davon zu lesen, dass er sich zurückzieht, um mit seinem Vater im Himmel allein zu sprechen. Verschiedene Dinge sind mir an diesem Text aufgefallen, die ich gern mit dir teilen möchte. Zuerst: Jesus wählt immer eine bestimmte Zeit, die er bewusst mit seinem Vater verbringt. In der Bibel lesen wir, dass er dafür morgens und abends eine Zeit fest reserviert hat. Und das scheint er nie zu verschieben. Noch bevor der Alltag für ihn beginnt und nachdem die letzte Tat an einem Tag vollbracht wurde, macht er sich auf, um mit seinem Vater im Himmel zu sprechen. Die Bibel betont im Text von Markus, dass er das noch vor Anbruch des Tages tat, und vermutlich war das eine Zeit, als noch kein Mensch unterwegs war. Die Zeit hielt er frei. Nichts konnte in diesem Moment zwischen ihm und seinem Vater im Himmel stehen.

Das Zweite, was mir an diesem Text auffällt, ist: Jesus sucht sich bewusst eine einsame Stelle. Das heißt, seine Andacht ist etwas ganz Persönliches zwischen ihm und Gott. Es ist keine Gelegenheit, zu der er gemeinsam mit anderen Andacht hält. Das tat er tagsüber genug. Nein: Diese Zeit ist eine persönliche Begegnung zwischen ihm und seinem Vater. Die einsame Stätte ist dabei auch ein sehr guter Tipp, um diese persönliche Zeit zu erleben. Schaust du in den Vers 37 von Kapitel 1, dann siehst du, dass seine Jünger ihn suchen mussten. Und schließlich fällt auf, dass Jesus an dieser Stätte betet. Man könnte auch sagen: Er hat seine Andachtszeit. Natürlich hatte er keine Bibel dabei, weil es stark auffällt, wenn man morgens mit einer großen Schriftrolle die Straße entlangläuft. So handlich wie heute waren die Bibelausgaben zur damaligen Zeit natürlich nicht.

> **WAS HINDERT UNS DARAN, JEDEN MORGEN EINE ZEIT GANZ FÜR GOTT ZU RESERVIEREN?**

Wenn Jesus morgens aufsteht, sich an einen einsamen Ort begibt und dort betet, sollten wir das dann nicht auch tun? Was hindert uns daran, jeden Morgen eine Zeit ganz für Gott zu reservieren? Ich möchte dich zu etwas einladen, was ich die „radikale Andacht" nennen will. Steh jeden Morgen eine halbe Stunde früher auf, schnapp dir deine Bibel und nutz die Möglichkeit, um mit Gott eine extra für ihn reservierte Zeit zu verbringen. Und mach bei der Zeit wirklich keine Kompromisse, sondern nutz sie jeden Tag. Für mich hat es sich dabei etabliert, immer ein biblisches Buch mit einem Kapitel beziehungsweise einer Geschichte pro Tag zu lesen. Außerdem verwende ich ein Notizbuch, in dem ich mir Dinge aufschreibe, die mir in dem Text aufgefallen sind. Ein weiteres Notizbuch benutze ich, um wichtige Gebetsanliegen von meinen Freunden und mir aufzuschreiben, um sie nicht zu vergessen. Am Anfang wird das sicherlich eine Überwindung sein, aber hey: Schließlich schaffen wir es auch, unsere WhatsApp-Nachrichten jeden Morgen zu lesen. Warum sollten wir dann nicht auch Gottes Nachrichten in der Bibel lesen und ihm darauf mit unserem Gebet antworten?

Autor: Christoph Till

FRAGEN

① WELCHE AUSREDEN HAST DU, UM DEIN PERSÖNLICHES TREFFEN MIT GOTT VOR DIR HERZUSCHIEBEN?

② WAS KANN DIR HELFEN, UM GOTT, SEINEN NACHRICHTEN AN DICH UND DEM GESPRÄCH MIT IHM REGELMÄSSIG INTENSIV ZEIT ZU WIDMEN?

③ WELCHER ORT WÄRE DEIN LIEBLINGSORT, UM GOTT ZU TREFFEN? VERKRIECHST DU DICH ZUM BEISPIEL AM LIEBSTEN UNTER DER BETTDECKE, SETZT DICH AUF EINEN BEQUEMEN SESSEL ODER GEHST IN DIE NATUR?

Challenge des Tages

Mach dir bewusst, wie sehr Gott sich darauf freut, Zeit mit dir zu verbringen. Er ist geduldig und wartet auf dich. Auch über fünf Minuten, die du für ihn hast, jubelt er. Wie viel mehr aber profitierst du davon, regelmäßig eine halbe Stunde oder länger intensiv mit dem Schöpfer der Welt zu verbringen? Lass dich auf die Challenge ein und staune darüber, wie die Zeit mit Gott dein ganzes Leben verändert!

STUDIERST DU NOCH ODER TRAINIERST DU SCHON?

Kannst du dich noch daran erinnern, wie du schwimmen gelernt hast? Also, bei mir war das so: Meine Eltern haben mir das Buch „Schwimmenlernen leicht gemacht" gekauft. Wir haben es gemeinsam gelesen. Ab Seite 90 konnte ich dann schwimmen. Normal, oder? So ein Quatsch! So war es natürlich nicht. Theorie war relativ wenig dabei. Ich musste üben. Ich musste trainieren. Die Beinbewegungen. Die Armbewegungen. Erst auf dem Trockenen. Dann im flachen Wasser. Dann im tiefen Wasser. Zunächst mit Schwimmflügeln und Schwimmgürtel. Dann endlich ohne. Und wenn ich mich recht erinnere, dann habe ich nicht leicht schwimmen gelernt. Ich brauchte viel Zuspruch von meinen Eltern. Ich meine, sogar ein wenig Bestechung ...

WER AUF MICH HÖRT UND DANACH HANDELT, IST KLUG UND HANDELT WIE EIN MANN, DER EIN HAUS AUF MASSIVEN FELS BAUT.

Matthäus 7,24

WARUM UM ALLES IN DER WELT MEINEN WIR, DASS WIR GLAUBEN LERNEN, INDEM WIR EINFACH NUR DARÜBER REDEN?

Schwimmen lernen wir nicht, indem wir darüber lesen oder es studieren. Genauso wenig, wie ich ohne Praxis kochen, reden oder Fußball spielen lerne. Warum um alles in der Welt meinen wir dann, dass wir glauben lernen, indem wir einfach nur darüber reden? Der Theologe Albert Schweitzer hat es mal recht pointiert mit den folgenden Worten auf den Punkt gebracht: „Wer glaubt, ein Christ zu sein, weil er die Kirche besucht, irrt sich. Man wird ja auch kein Auto, wenn man in einer Garage steht."

Jesus hat das offensichtlich genauso gesehen. Sonst hätte er nicht am Ende der Bergpredigt so streng die Linie zwischen dumm und klug gezogen. Dumm ist, wer auf das hört, was Jesus sagt. Klug ist, wer auf das hört, was Jesus sagt, **und** danach handelt. (Matthäus 7,24–29) Mir scheint, dass das ein Prinzip ist, das wir berücksichtigen sollten, wenn wir selbst im Glauben wachsen oder andere in ihrem Glauben begleiten wollen. Es ist nicht die Information allein, die uns weiterbringt. Es ist die Information **und** die praktische Umsetzung. Es ist nicht die biblische Erkenntnis allein, das Aha-Erlebnis, das neue Licht. Es ist das Aha-Erlebnis **und** die Aktion, die darauf vertraut, dass Gott recht hat. Der Sprung des Glaubens.

Das ist nicht immer leicht. Manchmal herausfordernd. Manchmal schockierend. Nicht immer bequem. Dafür aber ein Abenteuer. Gänsehaut. Erfahrungen mit Gott. Und eine neue Welt. Denn dort, wo wir Jesus vertrauen, beginnt bereits das Reich Gottes! Bist du bereit für den Sprung des Glaubens?

Autor: Bert Seefeldt

FRAGEN

① WAS HAT DICH IN DEINEM LEBEN SO RICHTIG VORANGEBRACHT?

② WAS WÜRDE SICH ÄNDERN, WENN DU JESUS ZU DEINEM PERSÖNLICHEN TRAINER MACHEN WÜRDEST? DEIN DENKEN? DEINE SICHT DER DINGE? DEINE GEWOHNHEITEN? DEINE GEFÜHLE? DEIN SELBSTWERT? DEIN LEBEN?

③ WIE KÖNNTE EIN GOTTESDIENST AUSSEHEN, DER NICHT NUR INFORMIERT, SONDERN AUCH ZU GLAUBENSSPRÜNGEN ERMUTIGT?

Challenge des Tages

Lies dir die Bergpredigt (Matthäus 5–7) durch. Lass dich von den Aussagen Jesu herausfordern. Stell dich dem, was du da liest. Such dir eine Lebensregel von Jesus heraus, nach der du heute und in der kommenden Woche lebst! Wer könnte sich mit dir zusammen dieser Herausforderung stellen? Ein Freund? Eine Freundin? Deine Geschwister? Deine Eltern?

URLAUBSFEELING MAL ANDERS

> *UND GOTT SPRACH: „ICH GEBE EUCH EIN ZEICHEN ALS GARANTIE FÜR DEN EWIGEN BUND, DEN ICH MIT EUCH UND ALLEN LEBEWESEN SCHLIESSE: ICH SETZE MEINEN BOGEN IN DIE WOLKEN. ER IST DAS ZEICHEN MEINES UNUMSTÖSSLICHEN BUNDES MIT DER ERDE.“*
>
> 1. Mose 9,12–13

Urlaub zu machen ist wohl mit das Beste. Am liebsten 365 Tage im Jahr. Mit Freunden abhängen ohne ständiges Sightseeing oder Ausflugsziele mit den Eltern. Aber da ertönt auch schon die mahnende Stimme aus der Küche: „Musst du heute keine Hausaufgaben machen? Und kannst du dann noch Brot holen?" Na toll, das war's dann wohl mit den Urlaubsträumen. Aber stell dir einmal vor, solch ein Traum wird Wirklichkeit, und dann geht es nicht nur 14 Tage weg, sondern ein ganzes Jahr. Einzige Bedingung: Es wäre eine Schiffsreise, und du musst dir ein hochseetüchtiges Schiff selber bauen – nach einer Anleitung, versteht sich. Bauen musst du es auf einem Acker oder im Stadtpark. Jetzt ist sicher der Moment, an dem jeder abwinken würde: „Was sollen denn die anderen denken? Mir würde doch niemand helfen. Die denken doch alle, ich hätte 'nen Knall." Es gab da einen Mann, dem genau das passiert ist. Allerdings ging es bei ihm nicht um einen harmlosen Urlaubstrip, sondern um Leben und Tod.

„Da sprach Gott zu Noah ..." Ach, diese Geschichte. Klar, die kennst du. Hast du von klein auf schon zigmal gehört. Aber trotzdem, nimm dir einige Minuten und schau dir den Text an, jetzt, wo du kein Kind mehr bist.

Gott gab Noah einen Bauplan der Extraklasse. Kein Architekt oder Bootsbauer hätte es besser machen können. Alles wurde bedacht: Sicherheit, Platzverhältnisse, Vorratssilos, Tierkäfige, Absperrungen ... Auch ohne Wellnessbereich hatte Gott an alle Details gedacht, damit seine Geschöpfe eine große Flutkatastrophe überleben. Und was meinte Noah dazu? Dem war das alles nicht zu stressig: „Noah führte alles genauso aus, wie Gott es ihm befohlen hatte." (1. Mose 6,22) Aber Gott ohne Wenn und Aber zu gehorchen, wer kann das schon? Wir können froh sein, dass Noah das mit dem Schiff hinbekommen hat. Er ertrug die Lästereien der Leute und sprang über seinen Schatten. Noah überlebte mit seiner Familie auf dieser abenteuerlichen Reise und rettete die ganze Welt.

Gott sprach und Noah tat. Klingt leicht, aber ist es das auch? Meistens eher nicht. Der Satz „Dein Wille geschehe" fällt uns oft schwer. Wir haben doch Träume, Wünsche und Pläne. Fehler zu machen und Entscheidungen zu treffen gehört dazu. Aber vielleicht ist es doch nicht so schwer. Bezieh Gott doch einfach mit ein. Wenn du nicht weiterweißt

DER SATZ „DEIN WILLE GESCHEHE" FÄLLT UNS OFT SCHWER.

und dich entscheiden musst oder Kummer und Streit hast. Dann kann aus dem lebensrettenden Schiff auch ein Traumschiff werden. Die Details für deinen Bauplan kennt Gott, und euer Schiff wird auf dem großen Weltmeer da draußen halten. Auch im Sturm wird er bei dir sein: „Doch mit dir schließe ich einen Bund", verspricht er. (1. Mose 6,18) Gottes Partner zu sein ist doch besser als unterzugehen, oder? Er hat uns ein Versprechen gegeben und sogar ein Zeichen, dass er immer für uns da ist und sich um uns sorgt. Der Regenbogen ist ein Farbenspiel am Himmel nach langen grauen Tagen. Er erinnert uns an Gottes Wort, und seine Form an den Bund mit uns, den Gott niemals mehr lösen wird.

Autorin: Katharina Wilke

FRAGEN

① WANN HAST DU GOTT DAS LETZTE MAL UM RAT GEFRAGT?

② WIE SIEHT GOTTES BAUPLAN FÜR DEIN LEBEN AUS?

③ WENN DU ES NICHT WEISST, WIE KÖNNTEST DU ES HERAUSFINDEN?

Challenge des Tages

Lies Noahs Geschichte in 1. Mose 6–8. Und dann lass Gott einen Tag lang Kapitän deines Lebens sein! Wie hat es sich angefühlt? Vertraust du Gott auch weiterhin als Steuermann?

VOM SCHRÄGEN SINGEN UND ECHTEN ZUHÖREN

Die Meistersinger von Nürnberg" von Richard Wagner ist meine Lieblingsoper, weil sie einen Aspekt beleuchtet, für den ich mich begeistern kann. Ein junger Ritter namens Walther ist soeben in die Stadt gezogen und verliebt sich in Eva, die Tochter des angesehenen Goldschmieds. Glücklicherweise soll es in naher Zukunft einen Gesangswettbewerb geben, bei welchem geeignete Brautwerber für Eva bestimmt werden sollen. Blöd ist allerdings, dass bei diesem Contest nur „Meistersinger" zugelassen sind, zu denen

DOCH BEVOR DER GROSSE UND SCHRECKLICHE TAG DES HERRN KOMMT, SENDE ICH EUCH DEN PROPHETEN ELIA. ER WIRD DIE HERZEN DER VÄTER IHREN KINDERN UND DIE HERZEN DER KINDER IHREN VÄTERN ZUWENDEN, DAMIT ICH BEI MEINEM KOMMEN NICHT DAS LAND VERNICHTEN MUSS.

Maleachi 3,23–24

Walther nicht zählt. Also bedarf es erst eines Castings, um den jodelnden Walther in den Meistersingerkreis aufzunehmen. Was Walther kann, ist singen, daran gibt es keinen Zweifel. Was er nicht kann, ist, sich nach den Regeln der Nürnberger Sängerzunft auszudrücken. Er singt zu laut, zu schnell, teilweise völlig unverständlich und rasselt gnadenlos durch seine Aufnahmeprüfung. Nur der alte Meister Hans erkennt, welches Talent da vermeintlich versagt hat, und nimmt sich seiner an. Er zeigt ihm, wie er seine neuen Ideen mit den bestehenden Regeln in Einklang bringen kann, sodass ein Stück entsteht, mit dem es nicht nur gelingt, Eva zu gewinnen, sondern auch alle anderen zu begeistern.

DIE VERMEINTLICH ALTEN SIND DIE WURZELN UNSERER GEMEINDEN. UND WAS IST EIN BAUM OHNE WURZELN? EIN TOTES STÜCK HOLZ. WEITER NICHTS.

Manchmal fühle ich mich – und vielleicht geht es dir da ähnlich – von älteren Geschwistern ausgebremst in meinen Ideen, mich in die Gemeinde einzubringen. Alles scheint so festgefahren zu sein und sich immer in den gleichen Schienen zu bewegen. Ich bin anders, bin zu einer anderen Zeit jung und habe andere Wünsche, Ziele und Träume im Leben als die Alten. Und dann vergesse ich, dass eben jene Alten das auch haben, und stelle fest, dass ich nichts oder nur sehr wenig über sie weiß. An diesem Punkt setzt der Maleachi-Text an. Er spricht von einem generationsübergreifenden Aufeinanderzugehen. Von einem Miteinander, ohne darauf zu achten, wie alt oder jung mein Gegenüber ist. Wir können so sehr vom Erfahrungsschatz unserer vermeintlich Alten profitieren. Sie sind die Wurzeln unserer Gemeinden. Und was ist ein Baum ohne Wurzeln? Ein totes Stück Holz. Weiter nichts.

Dieses Denken in den Kategorien „alt" und „jung" muss aufhören, denn wir sind alle eine Gemeinde. Aber das erreichen wir nur, wenn wir bereit sind, uns dem anderen zu öffnen und beiderseitiges Verständnis aufzubauen. Im Bibelgespräch sagte mir einmal jemand: „Die Jugend hat ein Recht darauf, anders zu sein." Dieser Satz bringt es auf den Punkt. Wir dürfen bestehende Dogmen infrage stellen, neue Wege beschreiten und unseren Glauben so ausleben, wie wir es für richtig halten. Ich wünsche mir Gemeinden, in denen sich ein alter Hans den Jugendlichen zuwendet und deren Potenziale unterstützt und fördert. Und ich wünsche mir Gemeinden, in denen sich Jugendliche ihren älteren Geschwistern zuwenden und bereit sind, ihre Geschichten zu hören und von ihnen zu lernen. Gemeinden, in denen die Jungen mit dem Segen der Alten motiviert werden, vorwärtszugehen, und dabei ihre Alten bei der Hand halten und mitnehmen. Wir sind auf dieses symbiotische Miteinander angewiesen, denn es ist der beste Boden, auf dem Neues entstehen kann.

Autor: Samuel Kaufmann

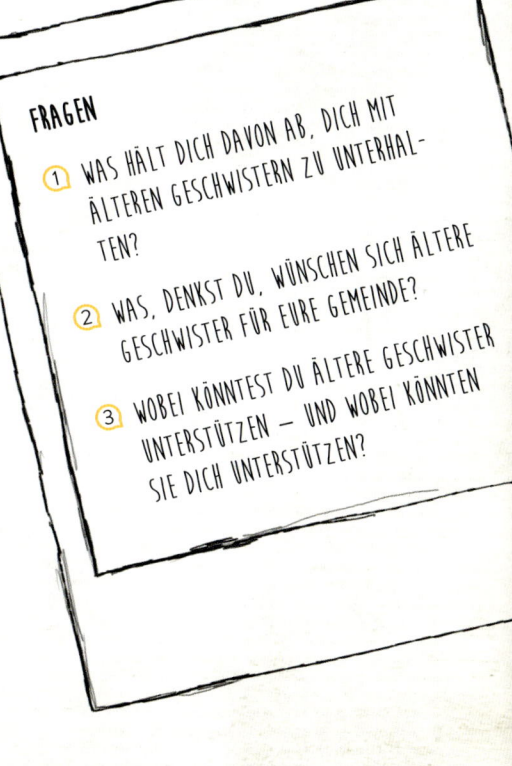

FRAGEN

1. WAS HÄLT DICH DAVON AB, DICH MIT ÄLTEREN GESCHWISTERN ZU UNTERHALTEN?

2. WAS, DENKST DU, WÜNSCHEN SICH ÄLTERE GESCHWISTER FÜR EURE GEMEINDE?

3. WOBEI KÖNNTEST DU ÄLTERE GESCHWISTER UNTERSTÜTZEN – UND WOBEI KÖNNTEN SIE DICH UNTERSTÜTZEN?

Challenge des Tages

Lass dich einladen oder lade jemanden aus deiner Gemeinde ein und lass dir seine Lebens- und Glaubensgeschichte erzählen. Oder mach einen Kranken- oder Geburtstagsbesuch. Ältere Menschen sind unglaublich gut im Erzählen von Geschichten, und jede ihrer Ausführungen trägt zu einem besseren Verständnis des Gegenübers bei und verdient es, gehört zu werden.

DER HEILIGE GEIST – DAS SPRACHGENIE

DANN ERSCHIEN ETWAS, DAS AUSSAH WIE FLAMMEN, DIE SICH ZERTEILTEN, WIE FEUERZUNGEN, DIE SICH AUF JEDEN EINZELNEN VON IHNEN NIEDERLIESSEN. UND ALLE ANWESENDEN WURDEN VOM HEILIGEN GEIST ERFÜLLT UND FINGEN AN, IN ANDEREN SPRACHEN ZU SPRECHEN, WIE DER HEILIGE GEIST ES IHNEN EINGAB.

Apostelgeschichte 2,3–4

———

Ein sonniger Novembertag in Rom. Ich fuhr von meiner Vorlesung mit dem Bus nach Hause. Mir gegenüber saß eine alte Frau mit blond gelockten, kurzen Haaren. Ihre kleinen faltigen Augen sprangen hin und her, ihre Mundwinkel zuckten im Gleichtakt. Gelegentlich warf sie mir Blicke zu. Nach einer Weile stand sie auf und kam auf mich zu. Obwohl ich mein Gesicht entschlossen zum Fenster wandte, sprach sie mich an – schnell, in römischem Dialekt und so direkt, dass ich sie nicht ignorieren konnte. Ich verstand nur die Hälfte, doch freundlich lächelnd nickte ich beständig mit dem Kopf. Sie begann, mich vor bösen Männern zu warnen, und riet mir, gerade wegen meiner blonden Haare auf mich achtzugeben. Ihre gut gemeinte Aufdringlichkeit wurde unerträglich. Ich stand auf und floh zur Tür, ungeduldig das Ende der Busfahrt abwartend. Doch sie folgte mir, erzählte, dass auch ich eine Tochter Gottes sei, und von weiteren Überzeugungen ihres Glaubens. Mir aber wurde sie zunehmend unheimlich, da ich mich bedrängt fühlte, und beim ersten Wangentätscheln gewann mein Fluchtinstinkt die Oberhand. Wie eine Befreiung kam mir das Öffnen der Türen vor, und ich suchte das Weite.

Dieses Erlebnis brachte mich zum Nachdenken über die Art und Weise, wie wir als Christen die Liebe Gottes weitergeben können. Die Frau hatte sicher gute Absichten, doch konnte ich ihr nicht folgen, und sie überforderte mich mit ihrem Wortschwall.

Wenn wir die Liebe Jesu weitergeben möchten, geschieht das häufig über Sprache. Unerlässlich ist, dass unser Gegenüber diese versteht und das, was wir ihm mitteilen wollen, nachvollziehen kann. Die Apostel stießen auf ein ähnliches Hindernis. In Jerusalem wurde damals in so vielen Sprachen geredet, dass die Apostel Gottes Wort nicht mehr uneingeschränkt verkündigen konnten. Nach der Ausschüttung des Heiligen Geistes hörten die Versammelten die Apostel auf einmal in ihrer jeweiligen Sprache reden.

In unserer heutigen Welt gibt es genügend Übersetzungsmöglichkeiten. Doch unbeachtet bleiben die Sprachen verschiedener Gesellschaftsschichten, die eigentümlichen Sprachen unterschied-

DEINE ART ZU DENKEN UND ZU LEBEN HINTERLÄSST SPUREN.

licher Charaktere sowie Interessengruppen. Sprache ist so individuell wie das Leben und jede einzelne Person selbst. Wie können da Kommunikation und die Weitergabe des Wortes Gottes gelingen? Der Schlüssel all unserer Intentionen liegt allein bei Gott. In jeden von uns hat er seine unlöschbare Flamme – den Heiligen Geist – hineingelegt. Diese Flamme brennt in dir! Gottes Geist lebt in dir! Wird dir dieser innere Schatz bewusst, wirst du offen für das unbegrenzte und unberechenbare Wirken Gottes in dir. So kann er dich selbst verändern, damit du die Sprache des anderen sprechen kannst. Hab keine Angst davor, Gott macht es gut. Oder er nutzt deine Sprache durch dein Wesen, Denken und Handeln, um sein Wort bei anderen fruchtbar werden zu lassen. Sei dir dessen bewusst. Du brauchst dich nicht zu fragen, was du tun musst, um ein Bote Gottes zu sein. Die Antwort ist: nichts. Du bist es schon seit dem Moment, in dem du Gott als deinen Retter angenommen hast und sich Gottes Geist so sehr mit deinem verwoben hat, dass sich dein Wesen, Denken und Handeln nicht mehr von seinem trennen lassen. Dafür, dass du frei wirst, dich für Gott freizugeben, dienen sein Wort und das Gespräch mit ihm und anderen Gläubigen.

Du willst deinem Freund von Gott erzählen, doch er will es nicht hören? Dräng dich nicht auf! Deine Art zu denken und zu leben hinterlässt Spuren. Du bist kein Rednertyp, doch willst du auch Menschen von Gott begeistern? Nutz deine Gaben – Echtheit ist das größte Zeugnis. In allem, was du kannst und was du bist, kann dich Gott gebrauchen. Öffne dich ihm! Gott hat seine Boten überall. Sei deshalb der, der du bist, und Gott wird dir Gelegenheiten geben, der zu sein, den andere brauchen.

Autorin: Wiebke Ritz

FRAGEN

1. WELCHE GABEN BESITZT DU, DIE DIR BEI DER WEITERGABE VON JESU BOTSCHAFT HELFEN KÖNNEN?

2. WELCHE SITUATIONEN HAST DU SCHON ERLEBT, IN DENEN ES DIR GELUNGEN IST, DEINEN GLAUBEN ZU BEZEUGEN? WAS HAT DIESE MOMENTE AUSGEZEICHNET?

3. „DU MUSST GAR NICHTS TUN, UM GOTTES BOTE ZU SEIN." WAS DENKST DU ÜBER DIESE AUSSAGE?

Challenge des Tages

Menschenkenntnis ist eine wesentliche Voraussetzung zur Weitergabe der Liebe Gottes. Versuche, den Blick von dir und deiner unbewussten Ichbezogenheit immer wieder ganz bewusst auf deine Mitmenschen zu lenken. Setz dich auf eine öffentliche Bank und beobachte eine Weile, wie sich die Menschen um dich herum geben und wie sie auf dich wirken. Achte auf die Körperhaltung der anderen, auf ihre Gestik und Mimik, hör auf ihre Wortwahl, ihren Dialekt und die Stimmlage und nimm ihre Eigenheiten wahr. Überleg dir, welche Interessen sie haben oder von welcher Wesensart sie sich angesprochen fühlen könnten. Wenn du weißt, wer dein Gegenüber ist, kannst du Gottes Wort umso „ansprechender" weitergeben.

GETREIDEFLOCKEN AUF DEM GLAUBENSWEG

LEHRE UNS BEDENKEN, DASS WIR STERBEN MÜSSEN, AUF DASS WIR KLUG WERDEN.

Psalm 90,12 (Luther)

Man schrieb das Jahr 1894, als die Kellogg-Brüder die Cornflakes erfanden. Nicht, weil es beim Frühstück schnell gehen sollte, sondern um ein schmackhaftes und vollwertiges Nahrungsmittel anzubieten. Genau genommen beginnt die Geschichte der gesunden Getreideflocken in Battle Creek, Michigan, einem kleinen Städtchen im Nordosten der USA. Hier arbeitete

Dr. John Harvey Kellogg seit 1875 als ärztlicher Leiter des Battle-Creek-Sanatoriums. Menschen aus aller Welt besuchten Kelloggs Sanatorium, um durch die von ihm entwickelten und nur hier praktizierten Therapieformen gesund zu werden: medizinische Gymnastik, Unterwassermassagen, künstliches Sonnenlicht, Reizstrom und fettarme, vegetarische Ernährung. Darüber hinaus, als absolutes Novum dieser Zeit, Entzugskuren für Alkoholabhängige und Raucherentwöhnung. Kellogg war der Auffassung, dass sich die Lebensqualität durch Mäßigkeit, Sport und gesunde Ernährung erheblich verbessern lässt.

Zu den Gästen des Battle-Creek-Sanatoriums zählten auch Prominente wie Thomas Edison und Henry Ford. Mit seinem Ansatz einer ganzheitlichen Lebensweise war Kellogg seiner Zeit weit voraus. Seine Erfindungen wurden in alle Welt exportiert. Ein von ihm konstruiertes Rudergerät zur Stärkung der Muskulatur steht noch heute im Buckingham Palace in London, und Kelloggs elektrisch betriebener Reitsattel wurde für die Ausstattung der Titanic bestellt.

Im Jahr 1880 wurde Will Kellogg – John Harveys Bruder – Geschäftsführer des Battle-Creek-Sanatoriums. Grundnahrungsmittel beim Frühstück im Sanatorium war zu dieser Zeit gesundes, aber fad schmeckendes und sehr festes Brot. Deshalb experimentierten die Kellogg-Brüder mit verschiedenen Getreidesorten. Könnte man den hohen Nährwert des Getreides in ein schmackhaftes Frühstück integrieren? Eher zufällig ließen sie gekochten Weizen über Nacht im Labor stehen. Am nächsten Morgen kam ihnen der geniale Gedanke, die Körner mit einer Walze auszurollen. Das Ergebnis faszinierte die Brüder: Getreideflocken, die dank kurzer Wärmetrocknung herrlich knusprig wurden. Mit etwas Salz gewürzt wurden sie im Sanatorium fortan jeden Morgen serviert. Die Kurgäste waren von dem neuartigen Frühstück so begeistert, dass sie auch nach ihrer Genesung nicht mehr darauf verzichten wollten und die Getreideflocken für zu Hause bestellten.

EINE GESUNDE LEBENSWEISE IST EINE FRAGE DES EIGENEN WOLLENS.

Ausgewogene Ernährung und gesunde Lebensweise sind nie leichter gewesen als heute. Wir wissen, was uns schadet, wie wir uns gesund ernähren und wie wir Stress vorbeugen können. Nährwertangaben auf Lebensmittelverpackungen und besondere Kennzeichnungen von Bioprodukten sind gesetzlich vorgeschrieben. Wellness liegt voll im Trend. Und doch ist und bleibt gesunde Lebensweise eine Frage des eigenen Wollens. Machen wir es uns auf dem Fernsehsessel bequem oder ziehen wir die Laufschuhe an? Siegt der Verstand oder der innere Schweinehund?

Kellogg vertrat die Glaubensüberzeugungen der Siebenten-Tags-Adventisten, die sich schon zeitig auf die Fahnen geschrieben hatten, das biblische Verständnis einer gesunden Lebensweise ganz praktisch umzusetzen. Dem in Battle Creek gegründeten Sanatorium folgten weitere Einrichtungen in vielen Ländern der Erde: Kindergärten, Schulen, Krankenhäuser, Suchtberatungsstellen, Altenheime, Reformhäuser und Gesundkostwerke. Dieser Ansatz von Kirche gefällt mir. Man zeigt Menschen, wie sie mehr Lebensqualität erreichen können, und führt sie dadurch zu einem gelingenden Leben. Nicht den zweiten Schritt vor dem ersten tun, sondern hier und heute im Alltag beginnen.

Autor: Alexander Schulze

FRAGEN

1. WAS WÜRDEST DU AN DEINER ERNÄHRUNG UND DEINEM TAGESABLAUF GERN VERÄNDERN?

2. WELCHE SPORTART WÜRDEST DU GERN EINMAL AUSPROBIEREN?

3. WIE VIEL SCHLAF BRAUCHST DU, UM FIT FÜR DEN TAG ZU SEIN? GÖNNST DU IHN DIR AUCH?

Challenge des Tages

Verzichte heute in deiner Ernährung und bei der Bewältigung deines Aufgabenpensums auf alles, von dem du weißt, dass es dir schadet, und finde bessere Alternativen! Merkst du einen Unterschied?

DIENEN

Lass dich ermutigen, dem Vorbild von Jesus zu folgen,
indem du dich um die Bedürfnisse der Menschen kümmerst
und neue Wege des Dienens entdeckst!

1

GOTT VERGISST KEIN VERSPRECHEN

2

DAS GEWÄCHSHAUS GOTTES

3

ZU GEBEN BEDEUTET ZU LEBEN

4

EIN LAMBO OHNE RÄDER

5

HEISST MISSION, MENSCHEN ZU BELÄSTIGEN?

6

PARTY IM OBDACHLOSENHEIM

GOTT VERGISST KEIN VERSPRECHEN

> *ÜBERLASST ALL EURE SORGEN GOTT, DENN ER SORGT SICH UM ALLES, WAS EUCH BETRIFFT!*
>
> 1. Petrus 5,7

Ich mache gerade „1year4jesus", ein freiwilliges soziales Jahr, bei dem wir uns in verschiedenen Bereichen sozial engagieren können. Unter anderem darf aber auch jeder von uns eine Predigt schreiben.

Es war der Tag vor den Winterferien, ich saß im Zug nach Hause und schrieb an meiner Predigt, die ich nach dem Urlaub halten würde. Irgendwo im selben Abteil saß eine Frau, die plötzlich anfing zu fluchen. Zugegeben, die Situation war erst ein bisschen lustig, sie sprach Dialekt und war sehr kreativ in ihrer Wortwahl. Als sie aber nach einigen Minuten ununterbrochenem Fluchen nicht aufhörte, fing es doch an zu stören. Also betete ich: „Lieber Gott, ich möchte hier eine Predigt zu deiner Ehre schreiben ... Bitte halte alles Störende fern, damit ich mich auf die Predigt konzentrieren kann." Und es war still! Sie hörte einfach auf, nachdem ich gebetet hatte, und ich dankte Gott für diese krasse Gebetserfahrung. Zehn Sekunden später aber fing sie wieder an. Na, das war dann doch keine so krasse Gebetserfahrung. Ich wiederholte mein Gebet noch ein paarmal, und wieder war sie für ein paar Sekunden still. Dann betete ich: „Lieber Gott, wenn du willst, dass ich zu dieser Frau hingehe, dann vergiss es. Ich kann ihr doch gar nicht helfen, ich weiß nicht mal, was ich sagen soll ... Aber du weißt, wie es ihr geht, und du kannst ihr helfen, also hilf ihr doch und muntere sie ein bisschen auf." Und Gott erhörte mein Gebet und es war die restliche Zeit still.

Später dachte ich mir, wenn Gott mein Gebet sowieso erhört, dann hätte ich auch beten können: „Lieber Gott, wenn du willst, dass ich zu dieser Frau hingehe, dann schenk mir die Kraft dazu!" Als ich schließlich meine Predigt hielt, erzählte ich auch von dieser Frau und versprach, beim nächsten Mal Gott um die Kraft zu bitten hinzugehen, um zu helfen.

Eine Woche später saß ich wieder in einem Zug. Diesmal nicht alleine, sondern mit den anderen aus dem 1year4jesus-Team. Wir waren zu fünft, die anderen teilten sich einen Viererplatz. Ich saß nebenan im Abteil. Es setzte sich ein Mann dazu, der anfing, mit seiner Mutter zu telefonieren. Er redete nicht leise und ich konnte mithören. Er erzählte ihr, dass er jetzt aus dem Gefängnis draußen ist und eine Wohnung braucht, dass sich seine Freundin von ihm getrennt hat, er aber endlich von den Drogen weg ist. Da fiel mir ein, was ich in der Predigt versprochen hatte, und dachte mir nur: *Gott, ist das dein Ernst?!* Ich wäre für Gott lieber einen Marathon gelaufen oder hätte noch eine Predigt gehalten, um ihm zu

WENN GOTT EINEN AUFTRAG FÜR DICH HAT, GIBT ER DIR AUCH DIE KRAFT DAZU.

dienen, wenn ich nur nicht zu diesem Mann hingehen müsste. Ich bat die anderen, mit mir zu beten, und ging mit klopfendem Herzen und voller Adrenalin zu ihm hin, setzte mich und sagte ihm, wie leid mir das tut, was ihm passiert ist. Ich fragte, ob ich mit ihm zusammen beten darf. Er freute sich, dass ich mit ihm beten wollte, und schenkte mir sogar seinen Rosenkranz. Ich hatte an dem Tag zufällig das Buch „Der bessere Weg" dabei, das noch von einem Outreach übrig geblieben war. Er versprach, es zu lesen. Danach unterhielten wir uns noch ein wenig, bevor wir ankamen und uns verabschieden mussten.

Diese zwei Erfahrungen haben mir erstens gezeigt, dass Gott Gebete erhört. Zweitens, dass ich ruhig um Hilfe bitten kann, wenn ich ihm dienen will, und drittens, dass ich eigentlich keine Angst haben brauche, weil Gott davor alles vorbereitet hat, damit ich ihm auch dienen kann. Und ich will dich ermutigen, wenn du Gott heute dienen willst: Überlass all deine Sorgen Gott, denn er sorgt sich um alles, was dich betrifft!

Autor: Andreas Schreiber

Challenge des Tages

Vertrau darauf, dass Gott deine Gebete erhört. Bete in diesem Sinne ganz bewusst für ein Anliegen und bitte Gott, dir eine ganz klare Möglichkeit zu zeigen, ihm heute zu dienen, und dir die Kraft dafür zu schenken!

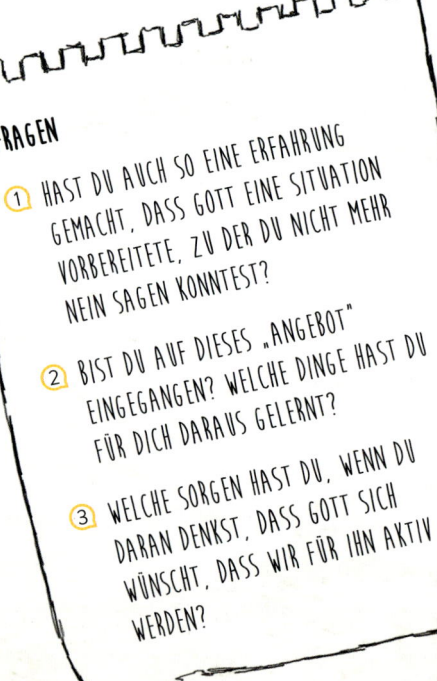

FRAGEN

1. HAST DU AUCH SO EINE ERFAHRUNG GEMACHT, DASS GOTT EINE SITUATION VORBEREITETE, ZU DER DU NICHT MEHR NEIN SAGEN KONNTEST?

2. BIST DU AUF DIESES „ANGEBOT" EINGEGANGEN? WELCHE DINGE HAST DU FÜR DICH DARAUS GELERNT?

3. WELCHE SORGEN HAST DU, WENN DU DARAN DENKST, DASS GOTT SICH WÜNSCHT, DASS WIR FÜR IHN AKTIV WERDEN?

DAS GEWÄCHSHAUS GOTTES

*NICHT DASS WIR
HERREN WÄREN ÜBER
EUREN GLAUBEN,
SONDERN WIR SIND
GEHILFEN EURER FREUDE.*

2. Korinther 1,24 (Luther)

Lange ist es her, aber ich erinnere mich noch gut: „Ok, Mama. Gar kein Problem, ich kümmere mich darum!" Es ist mal wieder so weit, die Eltern werden für einige Tage verreisen und übergeben sie ganz in meine Hände. Die Verantwortung für den Garten. Die Verantwortung für all die sorgfältig gepflegten und gehegten Pflanzen, die dort wachsen und gedeihen.

Doch es kommt, wie es kommen muss. Den Kopf voll mit anderen Dingen vergesse ich es schlichtweg. Oh weia, der Garten! Am Tag, bevor die Eltern wieder nach Hause kommen, fällt es mir auf dem Rückweg von der Schule wieder ein. Du solltest gießen ... Kaum zu Hause angekommen springe ich vom Fahrrad, hinein in den Garten, schnappe mir den Schlauch und los geht's. Warum nicht heute für die versäumten letzten Tage den Wasservorrat ausnutzen? Aber ich vergesse das Entscheidende. Der skeptische Blick des Nachbarn hätte mich warnen sollen: Pflanzen zur Mittagszeit

WIE WILLKÜRLICH KÖNNEN WIR DOCH MIT DINGEN, DIE UNS ANVERTRAUT SIND, UMGEHEN.

im Hochsommer zu gießen ist ihr Todesurteil. Die Wassertropfen, die auf den Pflanzen hängen bleiben, wirken wie Brenngläser. Ich sehe heute noch den entsetzen Blick meiner Mutter, als sie ihren Garten anschaut: *Du hattest doch nur diese eine Aufgabe ...!* Ich wünschte, ich könnte es wiedergutmachen.

Pflanzen in meine Verantwortung zu geben scheint keine gute Idee zu sein. Geht es dir ähnlich? Wie willkürlich können wir doch mit Dingen, die uns anvertraut sind, umgehen. Und von den Pflanzen sind wir auch ganz schnell bei Menschen. Wie oft spielen wir uns als Herren über ihr Leben auf, vielleicht sogar über ihren Glauben. Wir schütten förmlich Wasser über sie aus in den Momenten im Leben, in denen sie es absolut nicht gebrauchen können.

Und es bleiben Menschen zurück, die verbrannt, ausgedorrt oder zerrupft sind von den Lebensumständen. Da gab es Situationen oder Worte in ihrem Leben, die sie wie Wassertropfen in der Mittagssonne verbrannt haben. Was bleibt, sind hilflose Lebewesen, die nichts anderes mehr können, als ihre Köpfe hängen zu lassen.

Wenn ich in die Bibel schaue, lese ich von Jesus, und ich sehe ihn fast bildlich vor mir. Wohin geht sein Blick? Hin zu all den Dingen, die kaputt sind. Er heilt, er tröstet, er hebt auf. Egal wo er ist, er handelt und bringt die Menschen an Orte, an denen sie heil werden können.

Ich wünschte, ich könnte es wiedergutmachen. Es gibt eine gute Nachricht für mich: Pflanzen sind ganz schön hartnäckig. Es gibt einen Ort, an dem sie all das komprimiert erhalten können, was sie für eine Regeneration brauchen. Das Gewächshaus. Hier haben sie optimale Bedingungen, um sich wieder aufzurichten und auszurichten, nach oben. Sie finden Schutz, Wärme und die Versorgung, die sie brauchen. Ein Ort, an dem Schaden wieder gut werden kann. Solche Gewächshäuser wünsche ich mir auch für Menschen. Ein Ort des Schutzes, der Wärme, der Versorgung. Der Mensch, der verbrannt und kaputtgegangen ist, kann hier wieder aufleben. Und hier sind Menschen, die genau wissen, wie „Pflanzen" versorgt werden müssen, weil Gott selbst sie mit Gaben dafür ausstattet. Kann es sein, dass es an uns liegt, solche Orte zu schaffen? Ich bin sicher, so ein Ort kann die Gemeinde sein. Ich bin sicher, es kann die Familie sein. Und ich bin sicher, es kann die Jugendgruppe sein. Hier sind Menschen, die Jesus und seinen Auftrag ernst nehmen, die liebend und fürsorglich da handeln, wo Menschen in Not geraten sind. Und die ein Gewächshaus um sie bauen und ausgestalten, das ihnen Schutz und Wärme bietet. Ein Ort, an dem jeder gebraucht wird, um zu pflegen, und an dem jeder Fürsorge erhalten darf.

Gott sagt: Seid nicht Herren über einander, die willkürlich über das Leben des anderen bestimmen. Sondern nehmt diese Verantwortung wahr, Gehilfen zur Freude zu sein. Helft, dass die Welt wieder ein Stückchen heiler wird. Gott, ich bin dabei!

Autorin: Cordula Hartmann

FRAGEN

1. WO IN DEINEM LEBEN NUTZT DU MÖGLICHKEITEN AUS, HERR ÜBER JEMAND ANDEREN ZU SEIN, UND AN WELCHEN STELLEN SIEHST DU DICH ALS GEHILFEN ZUR FREUDE?

2. WO KANNST DU DIR IN DEINEM LEBEN VORSTELLEN, AKTIV EIN GEWÄCHSHAUS ALS ORT DES SCHUTZES MITZUGESTALTEN?

3. WAS BRAUCHST DU VIELLEICHT SELBST, DAS DIR EIN GEWÄCHSHAUS BIETEN KÖNNTE?

Challenge des Tages

Geh heute durch den Tag und nimm dir vor, durch die Gaben, die Gott dir gegeben hat, für Menschen, die dir begegnen, ein Gehilfe zur Freude zu sein.

ZU GEBEN BEDEUTET ZU LEBEN

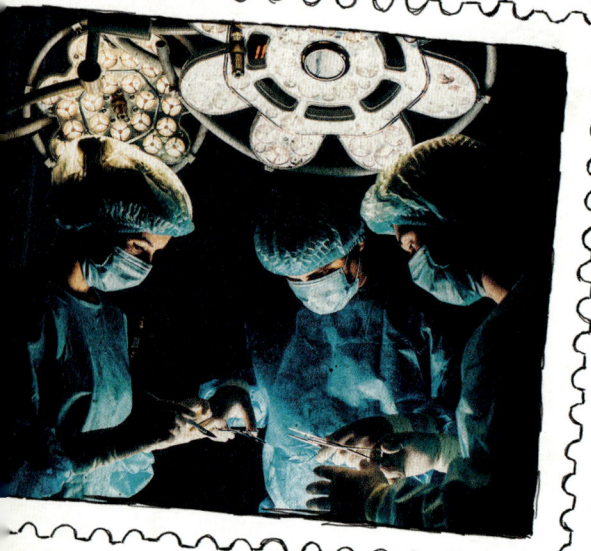

SELBST DER MENSCHEN-SOHN IST NICHT GEKOM-MEN, UM SICH DIENEN ZU LASSEN, SONDERN UM ANDEREN ZU DIENEN UND SEIN LEBEN ALS LÖSEGELD FÜR VIELE MENSCHEN HINZUGEBEN.

Markus 10,45

5:30 Uhr – der Wecker klingelt. Frühschicht. Obwohl ich eigentlich Medizin studieren möchte, hat mich Gott in die Ausbildung zur Krankenschwester gestellt. Mit einem Abischnitt von 1,9 schien es mir unmöglich, einen Studienplatz zu ergattern, gerade weil man seinen Schnitt am besten durch einen speziellen Medizinertest verbessern kann, der ausnahmslos jährlich am Sabbat stattfindet. Doch Gott hat immer einen guten Plan. Nach einem Jahr in der Ausbildung eröffnete sich mir eine neue Möglichkeit und Gott schenkte mir einen Studienplatz für Medizin an einer Universität, die ihre Studenten nicht über den NC, sondern über einen eigenen Test und ein Interview auswählt – und kein einziger Termin am Sabbat! Gott wusste ganz genau, dass ich das erste Ausbildungsjahr zur Krankenschwester brauchte, um etwas mehr darüber zu erfahren, was es heißt, ihm zu dienen. Am Anfang steht man da nämlich ganz unten in der Nahrungskette und darf fast nur die „Drecksarbeit" machen. Menschen zu pflegen, sie zu waschen, sie zur Toilette zu begleiten – und sie zu lieben, als Gottes Geschöpfe, fiel mir nicht immer leicht. Ich musste viel mit mir kämpfen, aber mit Gottes Hilfe gelang es mir immer wieder ein kleines Stückchen besser, auch die primitivsten Aufgaben in Demut und ihm zur Ehre zu erledigen.

Nun ist nicht jeder zur Krankenschwester oder zum Arzt geboren – aber Gott hat jedem von uns Gaben geschenkt, mit denen wir einander dienen sollen. Er fordert uns dazu auf, sie gut einzusetzen, damit sichtbar wird, wie vielfältig Gottes Gnade ist. Indem er uns liebt und indem Jesus durch uns anderen Menschen seine Liebe offenbart, zeigt sich sein Charakter, und die Menschen können sehen, dass Gott an ihnen interessiert ist, noch bevor wir ihnen überhaupt von ihm erzählen. Liebe ist das Einzige, was sich vermehrt, wenn man es weitergibt. Wie traurig wäre es, wenn wir diese Liebe, dieses Privileg nur für uns behalten würden.

> **DIENEN IST DER BESTE WEG, MENSCHEN ZU ERREICHEN.**

Petrus sagt uns, wie wir unsere Gaben einsetzen sollen: „Wenn jemand redet, dann rede er so, als würde Gott selbst durch ihn sprechen. Wenn sich jemand für andere einsetzt, dann setze er sich mit all der Kraft und Energie ein, die Gott ihm gibt. Dann wird Gott in allem durch Jesus Christus verherrlicht werden." (1. Petrus 4,11) Aber wir können die Freude der Erlösung nur teilen, wenn wir authentisch sind, – sonst wird uns niemand abnehmen, was wir da erzählen. Der Dienst am Nächsten kann nur geschehen, wenn wir Gott ganz nachfolgen. „Trennt euch deshalb von allem Schlechten und Bösen in eurem Leben und nehmt die Botschaft Gottes, die er euch gegeben hat, demütig an, denn sie hat die Kraft, eure Seelen zu retten. Aber es reicht nicht, nur auf die Botschaft zu hören – ihr müsst auch danach handeln! Sonst betrügt ihr euch nur selbst." (Jakobus 1,21–22)

Indem wir uns um die Bedürfnisse anderer kümmern und uns in den Dienst der Schwachen stellen, folgen wir Jesu Beispiel, das er uns auf dieser Erde gab. Auch wir werden in unserem Glauben gestärkt, wenn wir Jesu Liebe und Macht in Situationen des Dienens praktisch erleben. Außerdem ist das der beste Weg, Menschen zu erreichen. Wir können ihnen durch unseren Dienst zeigen, dass sie, genau wie wir, geliebte Kinder Gottes sind – wertvoll und akzeptiert. Das ist nicht immer einfach, und Jesus selbst hatte während seines Dienstes auf der Erde viele Probleme – am Ende starb er sogar für uns. Aber er erstand wieder auf, und weil er lebt, können wir auch leben. Wir können nicht damit rechnen, dass es immer einfach sein wird, aber wir haben etwas, für das es sich zu kämpfen lohnt! „Denn die Sorgen, die wir jetzt vor uns sehen, werden bald vorüber sein, aber die Freude, die wir noch nicht gesehen haben, wird ewig dauern." (2. Korinther 4,18)

Autorin: Dorothea Muser

ⓒ Challenge des Tages

Sieh heute ganz bewusst eine vielleicht eher lästige oder langweilige Aufgabe als großartige Möglichkeit an, Gott und den Menschen zu dienen. Geht sie dir damit leichter von der Hand?

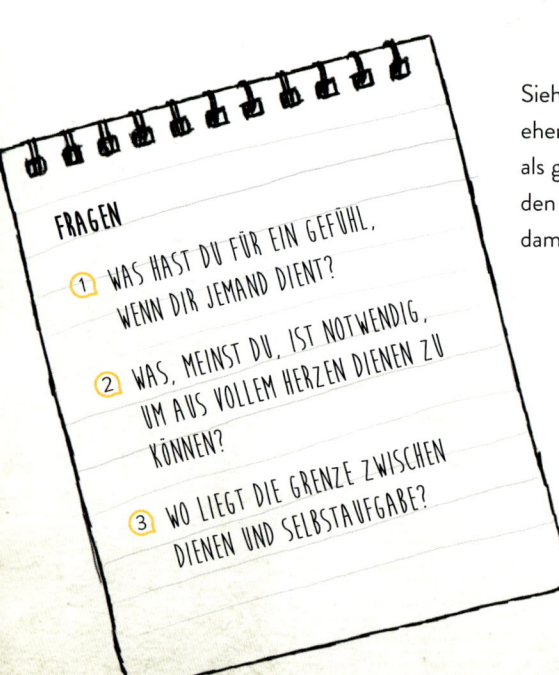

FRAGEN

① WAS HAST DU FÜR EIN GEFÜHL, WENN DIR JEMAND DIENT?

② WAS, MEINST DU, IST NOTWENDIG, UM AUS VOLLEM HERZEN DIENEN ZU KÖNNEN?

③ WO LIEGT DIE GRENZE ZWISCHEN DIENEN UND SELBSTAUFGABE?

EIN LAMBO OHNE RÄDER

*ICH VERSICHERE EUCH:
WAS IHR FÜR EINEN DER
GERINGSTEN MEINER
BRÜDER UND SCHWES-
TERN GETAN HABT,
DAS HABT IHR FÜR MICH
GETAN!*

Matthäus 25,40

Sie kündigen sich an durch ein entferntes, schrilles Geräusch, das sich ur- plötzlich zu einem schreiend spuckenden Brüllen entwickelt und schließ- lich in das volle Klangspektrum eines zwölfzylindrigen Orchesters aus Pauken und Posaunen mündet. Sie besitzen die fast magische Kraft, jedermanns Köpfe zu verdre- hen, stehen mindestens an zweiter Position man(n)ch heimlicher Träume und tragen Namen von Eleganz und Bewunderung: „Murciélago" oder einfach nur „LaFerrari" ...

Doch stell dir einmal folgende Situation vor: Du hörst jene eindeutigen Geräusche, läufst erwartungsvoll um die Ecke einer Straße und siehst ihn, den Supersportwagen schlechthin – jedoch aufgebockt auf Backsteinen und ohne Räder. Sicher, der Motor hat immer noch Hunderte PS, die Sitze bieten unglaublichen Seitenhalt, er ist form- schön und er besitzt, wenn du Glück hast, ein passables Autoradio. Würdest du dich reinsetzen? Klar, aber würdest du sitzen bleiben, wenn er dich nirgendwohin bringt, wenn ihm der Zweck, für den er konstruiert wurde, geraubt ist?

Ganz ehrlich, so stelle ich mir den christlichen Glauben vor, wenn durch ihn ein seltsames, fast schon alt anmutendes Wort nicht täglich neu belebt wird: Dienen. Wozu wäre Gott gut, hätte er kein Interesse an dir? Wofür setzte sich die christliche Religion ein, würde sie keine Menschen mehr erreichen? Worin bestünde der Wert einer Kirche, stellte sie sich nicht in den Dienst der Gesellschaft? Wozu wärst du gut, verstündest du Glauben nur als Information und nicht als lebendigen Auftrag?

Die Evangelien sind auf jeder Seite gefüllt mit Berichten über den Dienst Jesu für und an uns Menschen. Alle Heilungen und Wunder zeigen uns deutlich: Jesus sah den Menschen. Und zwar nicht nur äußerlich, er ließ sich emotional auf ihn ein, hatte keine Berührungsängste und er war vor allem echt – selbst, wenn er sich schwach fühlte. Bewunderst du Jesus für das, was er tat? Findest du, er war ein Held, der immer das rechte Wort traf, Kraft ohne Ende besaß und scheinbar unbegrenzte Möglichkeiten hatte? Ich persönlich glaube, dass er nicht bewundert werden will und auch nicht möchte, dass wir ihn wie einen Helden verehren. Der Abstand zwischen dir und ihm wäre damit noch um ein Vielfaches größer, als wenn du versuchen würdest, Usain Bolt im 100-Meter-Sprint zu schlagen. Wie würde das dazu passen, dass er uns Folgendes verspricht: „Ich versichere euch: Wer an mich glaubt, wird dieselben Dinge tun, die ich getan habe, ja noch größere, denn ich gehe, um beim Vater zu sein." (Johannes 14,12)

WOZU WÄRE GOTT GUT, HÄTTE ER KEIN INTERESSE AN DIR?

Wenn wir ihn nur bewundern und meinen, dadurch Christen und Adventisten zu sein, gleichen wir einem Sportwagenfahrer, der mit 80 km/h die linke Spur blockiert. Vielleicht meinst du, dein Glaube wäre kein Sportwagen, denn du weißt nicht, wie die Verheißung Jesu Realität werden soll, wie all die Kraft des Glaubens in deinem Leben auf den Asphalt übertragen werden kann. Petrus rät uns: „Wenn sich jemand für andere einsetzt, dann setze er sich mit all der Kraft und Energie ein, die Gott ihm gibt." (1. Petrus 4,11) Lass dich also von deinem Gott mit Kraft und Energie füllen. Sprich zu deinen Freunden und Menschen, denen du begegnest, mit Worten, wenn sie Worte verstehen; handle in echter Freundschaft, diese Sprache versteht jeder; hör zu und sei einfach nur da, wenn das der einzige Weg ist, auf dem du für diesen Moment Christus in ihr Leben bringen kannst. Dabei darfst du Schwäche zeigen und Fehler machen – denn auch du willst nicht bewundert werden, sondern mit Wort und Tat von dem zeugen, der dir die Kraft dazu gibt. Jeden Tag aufs Neue: Diene wie Jesus, sei bei den Menschen, und alles, was du tust, empfindet er wie eine Tat an ihm selbst.

Autor: Jakob Bartke

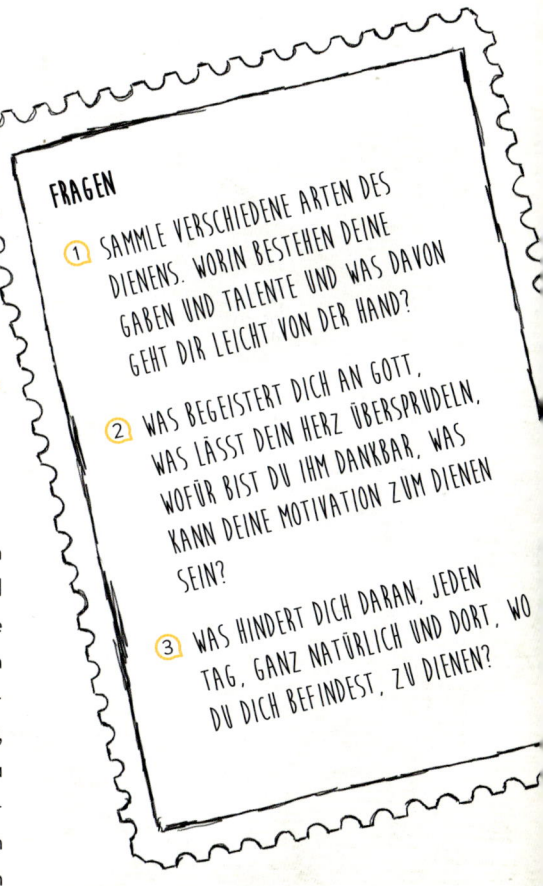

FRAGEN

1. SAMMLE VERSCHIEDENE ARTEN DES DIENENS. WORIN BESTEHEN DEINE GABEN UND TALENTE UND WAS DAVON GEHT DIR LEICHT VON DER HAND?

2. WAS BEGEISTERT DICH AN GOTT, WAS LÄSST DEIN HERZ ÜBERSPRUDELN, WOFÜR BIST DU IHM DANKBAR, WAS KANN DEINE MOTIVATION ZUM DIENEN SEIN?

3. WAS HINDERT DICH DARAN, JEDEN TAG, GANZ NATÜRLICH UND DORT, WO DU DICH BEFINDEST, ZU DIENEN?

Challenge des Tages

Nimm dir Zeit für ein Gebet, sag deinem Gott, wofür du ihm dankbar bist, und bitte ihn, dir Kraft, Energie und seine Motivation für den Dienst an Menschen zu schenken. Wenn du dann heute unterwegs bist, verzichte auf Kopfhörer, lass dein Telefon in der Tasche und trau dich, neugierig zu sein: Sieh die Menschen um dich herum, erwidere einen flüchtig zugeworfenen Blick mit einem Lächeln. Und wenn du eine Möglichkeit siehst, an diesem Tag etwas Gutes zu tun, dann pack es an und lass dich von Christus leiten!

HEIßT MISSION, MENSCHEN ZU BELÄSTIGEN?

Was ist Mission? Was bedeutet es, für Menschen da zu sein? Beide Fragen sind für mich eng verknüpft. Häufig beantworten mir Menschen in meinem Umfeld diese Frage immer wieder mit derselben Aussage:

DARAUFHIN WÄHLTE DER HERR ZWEIUNDSIEBZIG ANDERE JÜNGER AUS UND SCHICKTE SIE ZU ZWEIT VORAUS IN ALLE STÄDTE UND DÖRFER, DIE ER AUFSUCHEN WOLLTE. ER GAB IHNEN FOLGENDE ANWEISUNGEN: „WANN IMMER IHR EIN HAUS BETRETET, SEGNET ES. BLEIBT AN EINEM ORT UND ESST UND TRINKT, WAS MAN EUCH ANBIETET. ZÖGERT NICHT, GASTFREUNDSCHAFT ANZUNEHMEN. WENN EINE STADT EUCH WILLKOMMEN HEISST, DANN ESST, WAS EUCH VORGESETZT WIRD, HEILT DIE KRANKEN UND SAGT DABEI: ‚DAS REICH GOTTES IST NAHE BEI EUCH.‘“

Lukas 10,1–2.5.7–9

Mission und Dienst sei, anderen von der „richtigen" Religion und Wahrheit zu erzählen, sie vom „richtigen" Glauben zu überzeugen, ihnen den „richtigen" Weg zu
zeigen. So oft ist in der Gemeinde die Rede davon, dass wir die Menschen zu Jesus
bringen sollen. Und das, was ich dann praktisch erlebe, ist, dass wir von Haus zu Haus
gehen und „die Leute belästigen". Harte Worte – aber oftmals empfinde ich es so.
Ist es nicht manchmal kontraproduktiv? Ist Mission ein Wettstreit, in dem es darum
geht, wer mehr Leute erreicht und bekehrt? Mission kann doch nicht heißen, die
Menschen so weit zu bringen, dass sie sich taufen lassen, und sie dann sich selbst zu
überlassen.

Im Lukasevangelium finde ich Antworten auf diese Fragen. Jesus selbst öffnet seinen
Jüngern die Augen für einen ganz anderen Blick auf Mission – er sieht den Menschen. Und gibt ihnen einen Auftrag, indem er zu ihnen sagt: „Wann immer ihr ein
Haus betretet, segnet es. Bleibt an einem Ort und esst und trinkt, was man euch
anbietet. Zögert nicht, Gastfreundschaft anzunehmen. Wenn eine Stadt euch willkommen heißt, dann esst, was euch vorgesetzt wird, heilt die Kranken und sagt dabei:
‚Das Reich Gottes ist nahe bei euch.'" (Lukas 10,5.7–9; vgl. Matthäus 10) Es geht um
den Menschen. Was macht Jesus selbst? Er selbst heilt Kranke und beschäftigt sich
mit Zöllnern. Menschen am Rande der
Gesellschaft. In Matthäus 9, Vers 11 wird
es ganz deutlich: „Die Pharisäer waren
empört. ‚Wie kommt euer Meister dazu,
mit solchem Abschaum zu essen?'" Ich
finde den Ausdruck „Abschaum" sehr
aussagekräftig. Das waren die Menschen, mit denen niemand etwas zu tun
haben wollte. In Lukas 19 wird die be-
kannte Geschichte vom Zöllner Zachäus

WIR KÖNNEN DIE LIEBE JESU NUR DURCH UNSERE EIGENE WEITERGEBEN.

erzählt. Ein Mann, der auf einem Maulbeerbaum sitzt und Jesus sehen möchte. Ein
Mann, dem man höchstens in Form von bösen Blicken Beachtung schenkt. Wenn
er schon damit leben muss, dass kein anderer Mensch ihn beachtet und ihm Gutes
wünscht, dann hofft er darauf, dass Jesus ihn sieht. Und Jesus sieht ihn und geht auf
ihn zu. Jesus setzt hier ein sehr hohes Ideal für uns. Und manchmal denke ich, es ist
nahezu unmöglich, dem zu entsprechen.

——

Für mich bedeutet Mission, Menschen zu dienen und sein Leben zu leben, möglichst nach den Grundsätzen des Glaubens und der Bibel. Offen zu sein für Neues und trotzdem den eigenen Prinzipien treu zu bleiben. Und ganz sicher heißt es, nicht nur auf sich zu schauen, sondern die Mitmenschen zu beachten, um sich dann mit ihnen zu freuen oder, wenn es ihnen schlecht geht, zu helfen. Aber es sollte uns trotzdem bewusst werden, dass wir Menschen die Liebe Jesu nur durch unsere eigene weitergeben können. Das ist manchmal wahnsinnig anstrengend, aber es lohnt sich, weil alles wieder zurückkommt. Und das bedeutet Mission für mich im Wesentlichen: Demut und Liebe sind der Schlüssel.

Autorin: Milena Giesbrecht

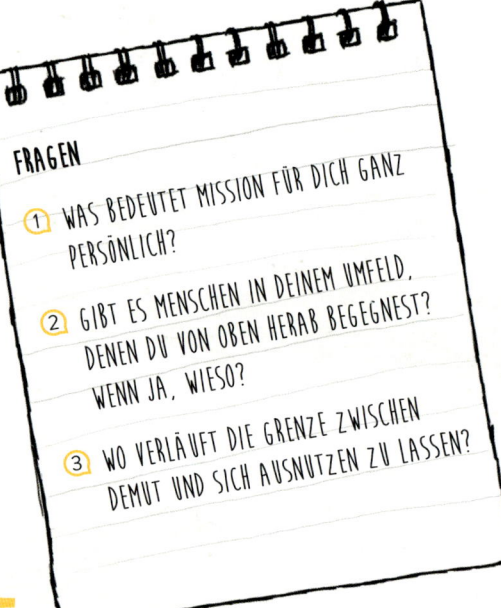

FRAGEN

① WAS BEDEUTET MISSION FÜR DICH GANZ PERSÖNLICH?

② GIBT ES MENSCHEN IN DEINEM UMFELD, DENEN DU VON OBEN HERAB BEGEGNEST? WENN JA, WIESO?

③ WO VERLÄUFT DIE GRENZE ZWISCHEN DEMUT UND SICH AUSNUTZEN ZU LASSEN?

Challenge des Tages
In der zweiten Frage hast du an einen Menschen gedacht. Tu diesem heute etwas Gutes!

PARTY IM OBDACHLOSENHEIM

„WER VON DEN DREIEN WAR NUN DEINER MEINUNG NACH DER NÄCHSTE FÜR DEN MANN, DER VON RÄUBERN ÜBERFALLEN WURDE?", FRAGTE JESUS. DER MANN ERWIDERTE: „DER, DER MITLEID HATTE UND IHM HALF." JESUS ANTWORTETE: „JA. NUN GEH UND MACH ES GENAUSO."

Lukas 10,36–37

Miss Z erlebte ihren 16. Geburtstag in einem Obdachlosenheim. Mit ihr lebten dort ungefähr 60 weitere arme Menschen ohne eigenes Zuhause: alleinerziehende Eltern, Kinder, Arbeitslose, Alte ohne Familie, misshandelte Ehefrauen. Manche warteten auf bessere Zeiten, andere hatten die Hoffnung schon längst aufgegeben.

Eines Tages besuchte ich gemeinsam mit Freunden das Heim, um dort fürs Mittagessen zu sorgen. Am anderen Ende des Speisesaals saß Miss Z mit ihren Freunden. Irgendetwas in mir drängte mich dazu, mich ihnen vorzustellen und mit ihnen ins Gespräch zu kommen. Während wir uns unterhielten, erfuhr ich, dass Miss Z am zwölften August 16 Jahre alt werden würde, aber keine Geburtstagsfeier geplant wäre. Ein Obdachlosenheim ist eben kein Ort für eine Party. Ich war traurig, aber ich wusste, dass unsere Unterhaltung einen besonderen Zweck hatte. Ich spürte, wie es in mir rumorte: *Was könnte ich tun?*

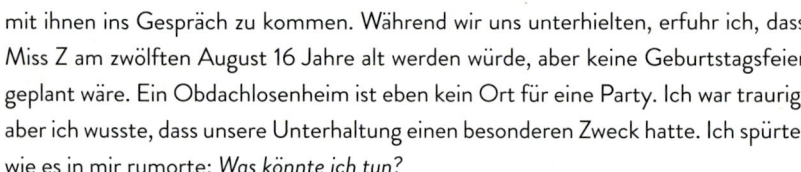

„PREDIGE DAS EVANGELIUM JEDERZEIT. WENN NÖTIG, BENUTZE WORTE."

Jesus kommt uns besonders nahe, wenn es uns schlecht geht, und forderte uns auf, dasselbe mit anderen Menschen zu tun. In einem seiner bekanntesten Gleichnisse erzählte er von zwei frommen Männern, die auf dem Weg in die Synagoge einen halb totgeprügelten Mann am Straßenrand liegen sahen. Überraschenderweise wechselten die beiden schnell die Straßenseite und schufen damit den größtmöglichen Abstand zu ihm. Dann kam ein dritter Mann vorbei, der in seiner Frömmigkeit nicht annähernd mit den ersten beiden mithalten konnte. Aber als er den Schwerverletzten dort liegen sah, bekam er Mitleid. Er wandte sich dem Mann zu, verband seine Wunden, brachte ihn in ein Gasthaus und kümmerte sich um ihn, bis er wieder ganz gesund war. Jesus beendete seine Erzählung mit der Aufforderung: „Nun geh und mach es genauso!" Jesus lehrte uns, dass religiöses Leben wertlos ist, wenn es nur auf den Gang in die Kirche, das Liedersingen und das Anhören von Predigten reduziert wird. Es erfüllt keinen Zweck. „Rein und vorbildlich Gott, unserem Vater, zu dienen bedeutet, dass wir uns um die Sorgen der Waisen und Witwen kümmern und uns nicht von der Welt verderben lassen." (Jakobus 1,27) Wirklich religiös zu sein heißt also, anderen zu dienen. Es geht darum, anderen eine Ahnung von Gottes Charakter zu vermitteln, zu zeigen, dass er die pure Liebe ist – eine Liebe, die nicht nur aus Worten besteht, sondern sich in konkreten Taten zeigt. Franz von Assisi soll die berühmten Worte gesagt haben: „Predige das Evangelium jederzeit. Wenn nötig, benutze Worte."

Ich versprach Miss Z im Beisein ihrer Freunde, dass sie am zwölften August eine Überraschung erleben würde. Sie lächelte, aber sie glaubte meinen Worten nicht. Aber Gott hatte mich dazu bewegt, seine Liebe zu zeigen, und ich würde keinen Rückzieher machen. Als der Tag näher kam, kauften meine Freunde und ich die größte Geburtstagstorte, die wir finden konnten, und dazu Kerzen, Getränke für alle Heimbewohner und ein ganz besonderes Geschenk für Miss Z. Ich rief das Management des Obdachlosenheims an und vereinbarte, die Besorgungen schon am Vorabend der Überraschungsparty dort abzuliefern. Ich stand gerade mit der Geburtstagstorte in der Tür, als Miss Z um die Ecke kam. Sie erkannte mich sofort, und als sie die Torte und die großen Tüten sah, sagte sie: „Ich kann nicht glauben, dass du es nicht vergessen hast." Ihre Augen füllten sich mit Tränen.

Tags darauf stieg an diesem ungewöhnlichen Ort nach dem Abendessen die große Geburtstagsparty für Miss Z. Sie konnte nicht aufhören zu lächeln. Sie erlebte Gottes Liebe und Güte. Und auch ich konnte nicht aufhören zu lächeln. Denn ich wurde wieder einmal daran erinnert: „Es ist segensreicher zu geben als zu nehmen." (Apostelgeschichte 20,35)

Autor: Gilbert Cangy

FRAGEN

1. DENK AN ALLES, WAS DU ÜBER JESUS UND DIE DREIEINHALB JAHRE SEINES WIRKENS AUF DER ERDE GELESEN HAST. WIE SAH WOHL EIN TYPISCHER TAG SEINES LEBENS AUS?

2. ZU SEINER ZEIT FOLGTEN IHM SEINE JÜNGER NICHT NUR WÖRTLICH, SONDERN LEIBHAFTIG NACH. WIE KANNST DU HEUTE EIN JÜNGER VON JESUS SEIN?

3. WIE HAST DU IN LETZTER ZEIT GOTTES LIEBE UND GÜTE DURCH ANDERE MENSCHEN ERLEBT?

C

Challenge des Tages

Worin bist du richtig gut? Überleg dir, wie du mithilfe deiner Fähigkeiten drei Menschen in dieser Woche Gottes Liebe und Güte zeigen kannst.

VERSÖHNEN

Lass dich ermutigen, dich im Namen Jesu aktiv für Versöhnung und Heilung einzusetzen, sowohl in Beziehungen zum himmlischen Vater als auch zu anderen Menschen!

———

GRATIS, ABER NICHT UMSONST

DAS BEDEUTET ABER, WER MIT CHRISTUS LEBT, WIRD EIN NEUER MENSCH. ER IST NICHT MEHR DERSELBE, DENN SEIN ALTES LEBEN IST VORBEI. EIN NEUES LEBEN HAT BEGONNEN! DIESES NEUE LEBEN KOMMT ALLEIN VON GOTT, DER UNS DURCH DAS, WAS CHRISTUS GETAN HAT, ZU SICH ZURÜCKGEHOLT HAT. UND GOTT HAT UNS ZUR AUFGA-BE GEMACHT, MENSCHEN MIT IHM ZU VERSÖHNEN.

2. Korinther 5,17–18

Du sitzt umgeben von deinen Freunden am Mittagstisch und stärkst dich mit leckerem Kartof-felsalat und einem knackigen veganen Würstchen. Der Jugendsabbat ist wie-der einmal genial. Lebendige Musik und die anschauliche Predigt eines jungen amerikanischen Sprechers haben nicht nur deine Englischkenntnisse gefördert, sondern vor allem auch deinen Willen, die Beziehung zu Gott wieder ernster zu nehmen. Das gibt dir ein starkes Gefühl.

———

Was kann dich von Gott schon trennen? Du fühlst dich geliebt und angenommen. Voller Motivation absolvierst du den Missionseinsatz am Nachmittag. Eigentlich redest du nicht so gern mit Fremden auf der Straße über den Glauben. Deren Blicke sind manchmal so abwertend und verletzend, aber mit Gott an deiner Seite fühlst du dich unantastbar. Der Tag neigt sich dem Ende zu und Gott schenkt dir noch einen Sonnenuntergang, wie er seit Monaten nicht mehr zu sehen war. Der Himmel ist in blutrotes Licht getaucht, und dir fehlen die Worte.

Am Montag holt dich der Alltag ein. Die Mathehausarbeit raubt dir den letzten Nerv. Deine Studienkollegen machen wieder die gewohnt vulgären Witze, und der kleine Rothaarige – der eine mit den Sommersprossen – wird wieder einmal gehänselt. Am Donnerstag hat dich der Alltag dann endgültig wieder in seinen Klauen. Du tust die Dinge, die du ändern wolltest. Deine guten Vorsätze sind von der Flut an Gewissensbissen in Vergessenheit gedrängt worden. Nun läuft alles falsch, aber die „Lieblingssünde" ist doch zu verführerisch. Du willst frei sein von all dem Schrott um dich herum, doch du fragst dich, wie du das jemals schaffen sollst.

Wer kennt das nicht? Ich für mich kann sagen, dass ich diese Situation leider schon häufig erlebt habe. Die eigenen Taten geben einem das Gefühl, nicht gut genug zu sein – der Liebe Gottes nicht wert. Man möchte gerne aufgeben. Abends fleht man auf Knien Gott um Vergebung an, weil man so schwach war.

> # WIR KÖNNEN UNS VERGE-BUNG, FRIEDEN UND LIEBE NICHT MIT EURO-SCHEINEN KAUFEN. SELBST MIT DEN LILAFARBENEN NICHT.

Die Enttäuschung ist groß. Die eigene Kraft reicht nicht aus, um schlechte Gewohnheiten aufzugeben und sie durch neue und gute zu ersetzen. Doch Gott ist groß und voller Liebe. Er hat gesagt: „Ich habe eure ganze Schuld vergeben; sie ist verschwunden wie der Nebel vor der Sonne." (Jesaja 44,22, Gute Nachricht Bibel) Wir können uns Vergebung, Frieden und Liebe nicht mit Euro-Scheinen kaufen. Selbst mit den lilafarbenen nicht. All das Wissen aus den Bibelgesprächen kann uns nicht helfen. Das ist aber auch nicht nötig. Gott bietet uns Vergebung an und will sich mit uns versöhnen. Er schenkt uns Gnade.

Was für dich umsonst ist, war für Gott das Teuerste. Im Gegensatz zur Schöpfung des Universums – was nur durch Worte geschah – gab Gott das Leben seines Sohns für die Versöhnung. Um wie viel mehr können wir auf seine Verheißungen vertrauen! Häufig hindert uns unser negatives Selbstbild daran. Doch wir sollten uns sagen: „Mein Gott hat mir versprochen, meine Sünden zu vergeben. Ich glaube daran!" Und dabei allein bleibt es nicht. Gott ist noch viel größer. Er weiß, dass wir aus eigener Kraft nichts erreichen können, und möchte uns helfen. Diese Verheißungen dürfen wir sofort in Anspruch nehmen. Denn Gott möchte sich mit uns versöhnen. Daraus entwickelt sich die Kraft, selbst ein Vorbild zu werden und den Mitmenschen Gottes Versöhnung weiterzugeben und sie selbst auszuleben. Der kleine rothaarige Junge wird es dir danken.

Autor: Filip Sabo

FRAGEN

① WAS KANN DIR DABEI HELFEN, DEINE BEGEISTERUNG FÜR GOTT NICHT VERPUFFEN ZU LASSEN?

② WIE DENKST DU ÜBER DIE AUSSAGE VON JESUS, WIR SOLLEN NICHT NUR SIEBEN-, SONDERN SIEBZIGMAL VERGEBEN? (MATTHÄUS 18,22)

③ WARUM BEDEUTET VERGEBUNG NICHT, ALLES UND JEDEM ZU VERZEIHEN?

Challenge des Tages

Paulus empfiehlt im Brief an die Epheser, eine Konfliktsituation so schnell wie möglich zu bereinigen, noch bevor der Ärger sich in einen hineinfrisst. (Epheser 4,26) Starte heute und in dieser Woche deinen Tag mit der konkreten Bitte an Gott, in Angelegenheiten, die Zorn und Verletzung provozieren könnten, weise zu handeln und dem Groll keinen Raum zu geben!

HIMMEL UND ERDE VEREINT

Die Sonnenstrahlen des späten Nachmittags werden von der glänzenden Oberfläche reflektiert. Die Gedanken an den saftigen, süßen Geschmack dieser Frucht lässt ihr das Wasser im Mund zusammenlaufen. Was lässt sie zögern? Die Warnung vonseiten ihres Vaters, die besagt, dass sie nicht von diesen Früchten essen sollen? Es bringt Verderben, hat er gesagt. Doch kann etwas falsch sein, das so gut aussieht? Was bedeutet überhaupt das Wort „Verderben"? Fast unbewusst streckt sich ihr Arm aus. Die Hand um-

DENN GOTT WAR IN CHRISTUS UND VERSÖHNTE SO DIE WELT MIT SICH SELBST UND RECHNETE DEN MENSCHEN IHRE SÜNDEN NICHT MEHR AN. DAS IST DIE HERRLICHE BOTSCHAFT DER VERSÖHNUNG, DIE ER UNS ANVERTRAUT HAT, DAMIT WIR SIE ANDEREN VERKÜNDEN.

2. Korinther 5,19

fasst die wunderschöne Frucht, die vor ihrer Nase baumelt. Mit minimalem Kraftaufwand liegt sie in ihrer Handfläche.

WIR HÄTTEN NATÜRLICH GANZ ANDERS GEHANDELT ALS EVA. ODER DOCH NICHT?

Die meisten werden diese Geschichte schon von klein auf kennen. Und auch ihr unschönes Ende, das den Lauf der Weltgeschichte verändert hat. Vielleicht hast du dich auch schon das ein oder andere Mal bei dem Gedanken erwischt, dass einem das selbst unmöglich passiert wäre. Man hätte natürlich ganz anders reagiert als Eva. Das Zureden der Schlange, dass man der Versuchung doch einfach nachgeben solle, hätte man natürlich vollkommen ignoriert. Schließlich weiß doch jedes Kind, dass da nichts Gutes daraus werden kann. Doch lässt sich diese Geschichte nicht auf ganz viele unterschiedliche Situationen in unserem Leben übertragen? Wie oft hast du die Gelegenheit, das Richtige zu tun, und entscheidest dich doch für das Falsche?

Die Bibel nennt diese Handlungen Sünde. Die Sünde hat die Konsequenz, dass wir uns immer weiter von Gott entfernen. Von ihm, der uns das Leben überhaupt erst geschenkt hat, um seine wunderbare Schöpfung mit uns teilen zu können. Von jenem, der sich so sehr nach deiner Gesellschaft sehnt. Von dem, der dich mehr als alles liebt. Seit dem Biss in die Frucht damals in Eden herrscht nun diese Trennung zwischen dem Schöpfer und seinen Geschöpfen. Ein großer Riss trennt den Himmel von der Erde. Wir sind Sklaven der Sünde und sind nicht fähig, uns aus unserer eigenen Kraft mit Gott zu versöhnen. Der Plan B des Allmächtigen wird aufgerollt.

Gott selbst, der an dieser Situation keine Schuld hat, stirbt für uns. Er schickt Jesus Christus, seinen Sohn, auf diese Erde, um uns zu retten. Jesus tritt in diesen Riss zwischen Gott und den Menschen. Durch ihn kann jeder Mensch frei werden. Frei von der Sünde. Frei von seinen Schwächen. Frei von allen Ängsten. Durch die Umkehr und den Glauben an Jesus können wir uns auf den richtigen Weg machen. Nicht aus unserer eigenen Kraft, aber aus seiner Kraft folgen wir dem Wegweiser „gottwärts".

Wir dürfen wissen, dass wir hier auf dieser Erde unser Leben nicht alleine meistern müssen. Wir haben immer einen treuen Begleiter an unserer Seite, der sogar bereit war, für uns zu sterben. Damit wir leben können. Und das noch viel größere Glück ist: Am Ziel unseres Lebens dürfen wir unserem Schöpfer entgegentreten. Wir dürfen uns freuen auf ein Leben in seiner Gegenwart. Die Sünde wird es dort nicht mehr geben. Niemand kann uns mehr von Gott trennen. Und das ist alles erst möglich geworden durch diese eine besondere Tat, damals am Berg von Golgatha. Auf der neuen Erde, die Gott für uns bereitet, wartet nicht nur eine glänzende Frucht auf dich. Dort erwartet dich Gemeinschaft mit deinem Schöpfer und Erlöser!

Autorin: Magdalena Drexler

FRAGEN

1. GING ES EVA WIRKLICH NUR UM DEN BISS IN EIN STÜCK SAFTIGES OBST? WENN NEIN, WORUM GING ES IHR DANN?

2. WAS KANN DIR HELFEN, GOTTES GROSSARTIGES ANGEBOT DER ERLÖSUNG NOCH TIEFER ZU VERSTEHEN?

3. WAS STELLST DU DIR VOR, JESUS ZU SAGEN, WENN DU IHN IRGENDWANN VON ANGESICHT ZU ANGESICHT SPRECHEN KANNST?

Challenge des Tages

Mach dir Gottes Erlösungsgeschenk heute richtig bewusst. Versuche es in jeder Zelle deines Körpers zu spüren und lass deine Seele darüber jubeln! Meinst du nicht auch, dass das deine Mitmenschen ansteckt?

DIE SONNENBLUME

SEID STATTDESSEN FREUNDLICH
UND MITFÜHLEND ZUEINANDER
UND VERGEBT EUCH GEGEN-
SEITIG, WIE AUCH GOTT EUCH
DURCH CHRISTUS VERGEBEN
HAT.

Epheser 4,32

Vergessen werde ich im Alter, aber vergeben? – Niemals! Simon Wiesenthal berichtet in seinem Buch „The Sunflower" genau von diesem Moment, in dem man sich fragt: *Kann ich das jemals vergeben?* Er war Häftling im Konzentrationslager Lemberg. Sein Verbrechen: Jude sein. Harte Arbeit, Verletzungen, Erniedrigungen und Angst waren sein Alltag. Doch eine Krankenschwester sorgte dafür, dass

——

sein Leben nachhaltig geprägt wurde: Er marschierte gerade mit seiner Arbeitsko-lonne vorbei an einem Sonnenblumenfeld, als sie ihn wortlos aus der Gruppe riss und zu einer Baracke führte. Wiesenthal beschreibt das Quietschen der Tür und die Dunkelheit des Raums, die ihm nur einen spärlichen Blick ermöglichte. Beißender Gestank stieg in seine Nase, während ihn die Schwester zu einem Bett drückte. Ein verwundeter Soldat lag darin – dem Tod nahe. Sein Kopf war einbandagiert, der Verband hatte sich schon gelblich ver-färbt. „Komm her! Ich kann nicht laut sprechen", sagte eine schwache, zittern-de Stimme. Nervös näherte sich Wie-senthal dem Bett. Eine kalte, blutleere Hand griff nach ihm. „Ich habe nicht mehr lange, mein Leben geht zu Ende", flüsterte der Soldat. Diesen Worten folgte ein gequältes Bekenntnis: Er habe nur Befehle ausgeführt. Gemeinsam mit

ER WAR HÄFTLING IM KONZENTRATIONSLAGER LEMBERG. SEIN VERBRECHEN: JUDE SEIN.

seinen Kameraden habe er 150 jüdische Männer, Frauen und Kinder in ein Gebäude getrieben, es mit Gas gefüllt und angezündet. Flüchtige sollten erschossen werden ... Der Verletzte schloss mit den Worten: „Was ich dir erzählt habe, ist schrecklich. Ich weiß, was ich jetzt von dir erhoffe, ist zu viel für dich. Aber ich bitte dich, stellvertre-tend als Jude, mir zu vergeben." In Wiesenthals Herz entbrannte ein Kampf. Schließ-lich stand er auf, zog seine Hände aus denen des Soldaten und verließ den Raum, ohne ein Wort zu sagen.

Den Leser stellt er vor die Herausforderung: „Du, der du gerade diese tragische Epi-sode meines Lebens gelesen hast, kannst dich jetzt mental an meine Stelle setzen und dir selbst die entscheidende Frage stellen: Was hätte ich getan?" Die Vorstellung, sich auf diesen Gedanken einzulassen, weckte in mir Distanz. Noch nie musste ich et-was so „Großes" vergeben. Gleichzeitig ließ mich dieses hilflose Flehen des Soldaten nicht los, sodass ich mir doch die Frage stellte: „Was hätte ich an seiner Stelle getan?"

Manchmal fällt es schwer zu vergeben. Da gibt es Personen, die dich verletzt haben, manche sogar bewusst. Du glaubst, „vergeben und vergessen" zu haben. Doch dann kommst du in diese Situation: Du siehst den Klassenkameraden, Nachbarn oder Arbeitskollegen und in einem Augenblick hörst du deine innere Stimme: „Oh, bitte nicht der jetzt ..." Oder du sitzt in der Predigt und denkst nur: „Das sollte jetzt die hören ..." Ihre Schuld und die Verletzungen bestätigen unser Denken über sie. Dem gegenüber steht der

> **STELL DIR EINE WELT OHNE VERGEBUNG VOR: WÜRDEST DU GERNE DARIN LEBEN?**

radikale Aufruf von Paulus: „Seid stattdessen freundlich und mitfühlend zueinander und vergebt euch gegenseitig, wie auch Gott euch durch Christus vergeben hat." Warum ist ihm Vergebung so wichtig? Vielleicht weil er Folgendes erkannt hat:

1. VERGEBUNG ÖFFNET DIR DEN BLICK FÜR DICH SELBST.

Auch wir sind schuldig an anderen geworden und haben verletzt. Aber mit unseren Taten gehen wir oft großzügiger um – schließlich sind es nur „Kavaliersdelikte" und wir hatten einen Grund für unser Verhalten. Aber wissen wir, was wir unserem Gegenüber damit angetan haben? Wie herausfordernd Vergebung vor diesem Hintergrund für ihn ist? Außerdem – streng genommen – hat auch der Kavaliersdelikt Jesus das Leben gekostet.

2. DU KANNST FREI SEIN.

Wenn du nicht vergibst, räumst du Menschen einen Platz in deinem Herzen ein, der dich immer wieder an das Geschehene erinnert und hart werden lässt. Es wird zu einer nie aufhörenden, schmerzenden Wunde. Vielleicht fragst du jetzt: „Was bringt es, Verletzungen, die mir angetan wurden, zu vergeben?" Du nimmst dadurch dem anderen das Recht, dich weiter zu verletzen.

Ich spüre, wie mich Vergebung herausfordert und ich mich immer wieder neu dafür entscheiden muss, obwohl ich dachte, das bereits in der Vergangenheit getan zu haben. Ja, manchmal fällt Vergebung leicht, manchmal ist es wirklich hart. Doch stell dir eine Welt ohne Vergebung vor: Würdest du gerne darin leben?

Simon Wiesenthal schließt seinen Bericht mit den Worten: „Ich denke oft an den jungen SS-Mann. Er kehrt zu mir zurück, wenn ich einer Krankenschwester oder einem Mann mit Kopfverband begegne. Oder wenn ich eine Sonnenblume sehe ..." Das Festhalten an angetaner Schuld ändert niemals die Vergangenheit. Sie bleibt – so schmerzhaft sie auch sein mag. Aber Loslassen baut Zukunft.

Autor: Fabian Maier

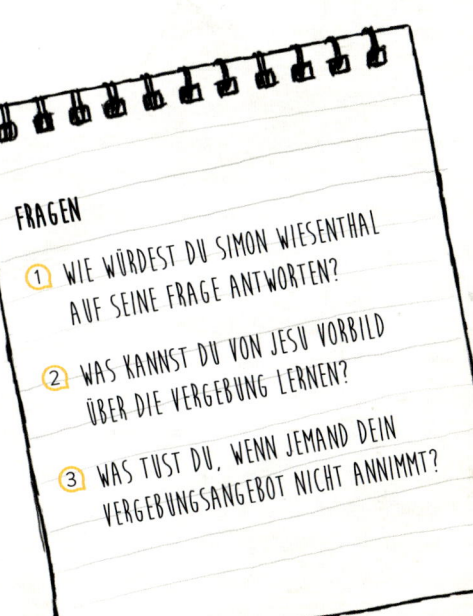

FRAGEN

1. WIE WÜRDEST DU SIMON WIESENTHAL AUF SEINE FRAGE ANTWORTEN?

2. WAS KANNST DU VON JESU VORBILD ÜBER DIE VERGEBUNG LERNEN?

3. WAS TUST DU, WENN JEMAND DEIN VERGEBUNGSANGEBOT NICHT ANNIMMT?

Challenge des Tages

Kennst du folgendes Zitat? „Wenn du einem Menschen vergibst, dann lässt du einen Gefangenen frei. Und dann entdeckst du, dass der wirkliche Gefangene du selbst warst." Denk heute in der S-Bahn, in der Mittagspause oder wann auch immer du eine freie Minute hast, über die Wahrheit in diesen Sätzen nach. Welche Gedanken kommen dir? Wo bist du vielleicht gefangen?

DO IT YOURSELF.
NUR DIESMAL NICHT!

GOTT SEGNET DIE, DIE ERKEN-
NEN, DASS SIE IHN BRAUCHEN,
DENN IHNEN WIRD DAS HIMMEL-
REICH GESCHENKT.

Matthäus 5,3

Vor Kurzem hatte ich diesen Traum. Ich glaube, jeder kennt diesen einen Traum, der einen schweißgebadet aufwachen lässt und über den man noch viele Tage und Wochen nachdenkt. Eigentlich war es viel weniger der Traum an sich, der mich nachdenklich machte, sondern meine eigenen Gedanken darin. Ich fuhr mit dem Auto eine gewöhnliche Straße entlang, dann über eine Brücke. Ich schaute aus dem Fenster und freute mich über die schöne Aussicht. Ein ganz kurzer, unaufmerksamer Augenblick reichte aus, und plötzlich spürte ich nur noch mich und das Auto von der Brücke in Richtung Wasseroberfläche stürzen. Auf einmal fühlte sich alles wie in Zeitlupe an und nach meiner Erkenntnis – das hier ist das Ende – wandten sich meine Gedanken unmittelbar an Gott: *Herr, vergib mir, vergib mir alles, was ich getan habe! Es tut mir so leid, bitte verzeih mir, ich möchte nicht verloren gehen, ich möchte ewiges Leben haben!*

In dem Moment, als ich aufwachte und erkannte, dass das alles nicht real ist, packte mich ein beklemmendes Gefühl – eine Mischung aus Traurigkeit, Enttäuschung und Scham. Offenbar hatte ich nicht die Gewissheit, dass ich erlöst bin, nicht die Sicherheit, dass Jesus mich von meinen Sünden freispricht, nicht den inneren Frieden. Dabei sollte doch genau das die Grundlage meines Glaubens sein.

Nach einigen nachdenklichen Tagen stieß ich auf Worte von Ellen White. Sie schrieb: „Jesus dachte aber nicht nur an unreine Gedanken, als er von der Bedeutung des reinen Herzens sprach. All das ist letztlich nur der Ausdruck eines viel tiefer gehenden Schadens, nämlich des Kreisens um sich selbst. ... In unserem Herzen entscheidet sich, ob wir eines Tages Gott schauen werden oder nicht." (Jesus von Nazareth, S. 220) Wenn dem so ist, was hindert uns daran, nach einem solchen Herz zu streben? Es sind schlicht und ergreifend wir selbst. Wir wollen die Veränderung unseres Herzens selbst in die Hand nehmen. Doch aus eigener Kraft können wir das nicht – es ist ein Geschenk Gottes. Dabei scheinen zwei Dinge entscheidend zu sein: Zuerst müssen wir unsere persönliche Lage erkennen und dass wir auf Gottes Wirken angewiesen sind. Wie wollen wir etwas Ewiges erreichen, wo wir doch endlich sind? Erst dann können wir ihm alles übergeben, womit wir kämpfen, und darum bitten, dass er uns seine Gnade, ein reines Herz und Frieden schenkt. Ich habe in meinem Leben festgestellt, dass es da etwas gab, das ich Gott nicht über-

> **WIE WOLLEN WIR ETWAS EWIGES ERREICHEN, WO WIR DOCH ENDLICH SIND?**

geben hatte. Es fiel mir schwer zu vergeben, und das schleppte ich mit mir herum wie einen Sack modriger Kartoffeln. *Wieso sollte Gott mir vergeben, wenn ich nicht in der Lage bin, anderen zu vergeben?*, dachte ich. Aber ich hatte einen Fehler in meiner Denkweise: Ich wollte zuerst mit meinen eigenen Bemühungen meine Ungereimtheiten lösen und dann Gottes Vergebung annehmen. Doch er schenkt uns ein neues Herz und kann erst dann durch uns wirken.

Vergebung ist eine unglaublich schwierige Angelegenheit, zumindest habe ich es so empfunden. Es bedeutet ein Stück Ungerechtigkeit, denn der Vergebende verzichtet auf sein „Recht". Das wirkt wie eine riesige Herausforderung. Das Einzige, was ich tun kann, ist loszulassen und die helfende Hand unseres großen Gottes anzunehmen. So heißt es auch in der Bergpredigt: „Gott segnet die, die erkennen, dass sie ihn brauchen, denn ihnen wird das Himmelreich geschenkt." Gott wird uns frei machen, uns ein reines Herz schenken. Er macht Vergebung in uns möglich und schenkt uns dadurch Frieden und Sicherheit.

Autorin: Rebecca Pfeifer

FRAGEN

1. WELCHE ERFAHRUNGEN HAST DU MIT DEM THEMA VERGEBUNG SCHON GEMACHT?

2. WAS KÖNNTE DIR HELFEN, TIEFER ZU VERSTEHEN, DASS GOTT DIR ALLE LASTEN ABNEHMEN WILL?

3. BIST DU DIR DER ERLÖSUNG DURCH JESUS SICHER? WENN NEIN, WARUM NICHT?

C

Challenge des Tages

Überleg dir, ob es in deinem Leben eine Sache gibt, mit der du haderst und die du Gott noch nicht übergeben hast. Sei es Vergebung, wie bei mir, oder etwas völlig anderes. Bring sie heute vor Gott, lass sie los und bitte ihn, dass er an dir wirkt und dir ein reines Herz schenkt!

VERGIB, WIE WIR UNS SELBST VERGEBEN

> *DENN SO SEHR HAT GOTT DIESE WELT GELIEBT: ER HAT SEINEN EINZIGEN SOHN HERGEGEBEN, DAMIT KEINER VERLOREN GEHT, DER AN IHN GLAUBT. SONDERN DAMIT ER DAS EWIGE LEBEN ERHÄLT.*
>
> *Johannes 3,16 (BasisBibel)*

Vergebung. So ein altmodisches Wort. Zumindest in meinen Augen. Vielleicht, weil ich in meinem Alltag fast keinen Menschen kenne, dem dieses Wort noch etwas bedeutet, geschweige denn der danach handelt. Mir ist noch nie ein Schulkamerad begegnet, der nach einem Streit mit seinem Kumpel sagte: „Du hast mich zwar als Drecksack beschimpft, Saft in meine Tasche geschüttet, meine nagelneue Nike-Jacke ruiniert – aber hey! Das ist mir egal, ich vergebe dir."

Ich bin glücklicherweise ein Mensch, der relativ schnell vergeben kann, und deswegen hatte dieses Wort auch nie eine besonders große Bedeutung für mich. Ich dachte, dass ich anderen immer und alles vergeben hatte, also wieso sollte ich noch groß darüber nachdenken? Andere Dinge sah ich eher als charakterliche Baustellen – aber Vergebung gehörte dazu weniger. Dachte ich zumindest.

In einem Vortrag über das Thema Vergebung hatte ich plötzlich das Gefühl, dass irgendetwas mit meiner Art zu vergeben nicht stimmte. Schnell verdrängte ich diesen Gedanken wieder, da ich überzeugt war, mir dieses Gefühl nur eingebildet zu haben. Aber irgendwann fiel mir etwas Wichtiges auf, das mich zum Umdenken brachte: Vergebung bedeutet nicht nur, anderen ihre Fehler zu vergeben, sondern auch, sich selbst seine Fehler verzeihen zu können. Und genau das schaffte ich nicht wirklich gut. Ich konnte meinen Freunden alles Mögliche vergeben, nur, wenn ich selber etwas verbockt hatte, konnte ich es mir einfach nicht verzeihen. Ich bemerkte mit der Zeit, dass ich nicht die Einzige bin, die Probleme mit Selbstvergebung hat. Vielleicht wollte ich deswegen über dieses Thema schreiben. Vielleicht war es auch Gott, der mir die Idee dazu gab, um anderen darin zu helfen.

> **VERGEBUNG BEDEUTET NICHT NUR, ANDEREN IHRE FEHLER ZU VERGEBEN, SONDERN AUCH, SICH SELBST SEINE FEHLER VERZEIHEN ZU KÖNNEN.**

Wenn du anderen vergeben willst, musst du dir erst selbst verzeihen können. Es ist nicht möglich, seinem Gegenüber hundertprozentig zu vergeben, bevor man sich nicht selbst verziehen hat. Man kann es sich zwar einreden, aber damit macht man sich selbst nur etwas vor. Und wie geht das – sich selbst vergeben? Ich glaube, dass das jeder für sich selber herausfinden muss, weil sich jeder aus einem anderen Grund nicht vergeben kann. Bei mir kam es daher, dass ich immer perfekt sein wollte und meine Fehler einfach nicht akzeptieren konnte. Mir persönlich hat die Gewissheit geholfen, dass Gott, das perfekteste Wesen schlechthin, mich **mit** all meinen Fehlern und Macken perfekt findet. Der passende Bibeltext dazu steht in Johannes 3,16: „Denn so sehr hat Gott diese Welt geliebt: Er hat seinen einzigen Sohn hergegeben, damit keiner verloren geht, der an ihn glaubt. Sondern damit er das ewige Leben erhält." (BasisBibel)

Gott hat uns **alles** vergeben, ohne Wenn und Aber, ohne Kleingedrucktes. Er hat dir und mir vergeben. Das Einzige, was wir tun können, ist es anzunehmen. Ich denke, dass das der Schlüssel zur Vergebung ist. Wenn wir Gottes Geschenk akzeptieren, dann werden wir automatisch lernen zu vergeben. Wir werden gnädiger mit uns selbst sein, weil Gott vollkommen gnädig zu uns ist. So werden wir auch lernen, mit anderen in Gnade umzugehen.

Autorin: Jemina Rohde

FRAGEN

① WAS BEDEUTET VERGEBUNG FÜR DICH IM DETAIL?

② WARUM IST ES WICHTIG, WUT UND VERLETZUNGEN NICHT EINFACH UNTER DEN TEPPICH ZU KEHREN?

③ WIE UND WO KÖNNTEST DU WEITERES WISSEN ÜBER DAS TATSÄCHLICHE WESEN DER VERGEBUNG SAMMELN?

Challenge des Tages

Nimm dir Zeit und hör in dich hinein: Gibt es etwas, von dem du denkst, dass Gott es dir nicht vergeben kann? Wenn ja, dann geh in Gedanken den Weg mit Jesus zum Kreuz. Es war sein Weg in die tiefsten Abgründe des menschlichen Seins. Warum sollten ihm also deine Abgründe zu tief sein?

EIN UNVERGLEICHLICHES TAUSCHGESCHÄFT

GOTT HAT UNS ZUR AUFGABE GEMACHT, MENSCHEN MIT IHM ZU VERSÖHNEN. DENN GOTT WAR IN CHRISTUS UND VERSÖHNTE SO DIE WELT MIT SICH SELBST UND RECHNETE DEN MENSCHEN IHRE SÜNDEN NICHT MEHR AN. DAS IST DIE HERRLICHE BOTSCHAFT DER VERSÖHNUNG, DIE ER UNS ANVERTRAUT HAT, DAMIT WIR SIE ANDEREN VERKÜNDEN ... WIR BITTEN INSTÄNDIG, SO, ALS WÜRDE CHRISTUS ES PERSÖNLICH TUN: „LASST EUCH MIT GOTT VERSÖHNEN!"

2. Korinther 5,18–20

Da stand er mir nun wie ein Häufchen Elend gegenüber. Dabei hatte ich ihm unmissverständlich klargemacht, dass er das Auto nicht nehmen dürfte. Dieses Auto hatte ich selber von meinem Vater für den Urlaub ausgeliehen. Mitten im Nirgendwo lag es nun mit kaputtem Kotflügel und zertrümmerter Stoßstange in einem Graben. Ich war wütend. Enttäuscht. Gefrustet. Ich verbrachte den Rest meines Urlaubs in Reparaturwerkstätten, und mein

Freund brauchte fast zwei Jahre, um die Kosten für den Schaden abzuzahlen. Und das, wo ich doch selber kein Geld hatte. Dadurch wird es vielleicht nachvollziehbar, dass unsere Freundschaft gelitten hat, wir uns entfremdet und letztlich aus den Augen verloren haben.

DIE BIBEL SAGT, DASS WIR DURCH JESUS CHRISTUS MIT GOTT VERSÖHNT SIND.

Viele Jahre später, als ich mein Theologiestudium abgeschlossen hatte und mein Praktikum als Jugendpastor in meiner ersten Ortsgemeinde begann, kreuzten sich unsere Wege wieder. Jetzt war ich sein Pastor. Er war mein Gemeindeglied. Es war komisch, sich wiederzusehen. Aber auch irgendwie schön. Denn im Grunde genommen mochte ich ihn. Völlig fremd waren wir uns nicht, aber entfremdet. Es stand einfach etwas zwischen uns. Das war uns beiden klar.

Es war Samstagnachmittag. Die Jugendstunde hatte gerade begonnen, als er das Wort ergriff und vor der gesamten Jugendgruppe anfing zu erzählen, was vor etlichen Jahren passiert war und dass es ihm leidtat. Alle blickten stumm von ihm zu mir und von mir wieder zu ihm. Ich schaute ihn an, und was folgte, war eine längst überfällige Umarmung. Wir waren versöhnt. Der alte Zustand, die Freundschaft und Harmonie waren schlagartig wiederhergestellt. Wenn Menschen, in dem Fall zwei alte Freunde, ihre Auseinandersetzungen aufgeben und ihre Beziehung wiederherstellen, ist Versöhnung eingetreten.

Paulus schrieb folgende Zeilen: „Dieses neue Leben kommt allein von Gott, der uns durch das, was Christus getan hat, zu sich zurückgeholt hat. Und Gott hat uns zur Aufgabe gemacht, Menschen mit ihm zu versöhnen. Denn Gott war in Christus und versöhnte so die Welt mit sich selbst und rechnete den Menschen ihre Sünden nicht mehr an. Das ist die herrliche Botschaft der Versöhnung, die er uns anvertraut hat, damit wir sie anderen verkünden." (2. Korinther 5,18–19) Die Bibel sagt, dass wir durch Jesus Christus mit Gott versöhnt sind. Die Tatsache, dass wir der Versöhnung bedurften und zurück zu Gott geholt wurden, zeigt, dass unsere Beziehung zu Gott gestört war. Jesus hat all das weggeschafft, was

ER TAUSCHT UNSERE SÜNDE GEGEN SEINE GERECHTIGKEIT.

die Menschheit an Trennendem angehäuft hat. Alles, was zwischen Gott und uns als Menschheit steht, alles, was kaputt und verloren gegangen ist, all die Entfremdung hat Jesus wieder in Ordnung gebracht. Das griechische Wort „katalassein", das Paulus hier für „versöhnen" verwendet, bedeutet so viel wie „von oben her vertauschen". Ist das nicht genial? Jesus nimmt das, was zwischen uns und Gott steht, weg: Er tauscht unsere Sünde gegen seine Gerechtigkeit. Ein beispielloses Tauschgeschäft, das nur Jesus vollbringen konnte. Damit können wir frei sein von unseren Selbstzweifeln. Paulus schreibt in diesem Text, dass Gott uns die Sünde nicht mehr anrechnet. Vielleicht darf ich es mal so sagen: Gott wusste, dass wir den Karren in den Dreck gefahren haben und ihn von alleine niemals herausziehen könnten. Er hat uns auch nicht kopfschüttelnd zugeschaut und uns selber versuchen lassen, alles wieder in Ordnung zu bringen. Gott befähigt uns vielmehr: Durch die erfahrene Vergebung können auch wir uns mit anderen versöhnen und bekommen noch einen Auftrag dazu. Wir sind selbst Botschafter der Versöhnung Gottes.

Autor: Ruben Grieco

AGEN

① HAST DU SCHON EINMAL DAS UN- GLAUBLICH BEFREIENDE GEFÜHL DES VERZEIHENS ERLEBT, NACHDEM DU ETWAS AUSGEFRESSEN HATTEST? SPÜRE TIEF IN DICH HINEIN – DIESES GEFÜHL MÖCHTE UNS GOTT JEDEN TAG SCHENKEN!

② WAS MÜSSTE PASSIEREN, DAMIT DU AUF JEMANDEN ZUGEHEN KANNST, MIT DEM DU IM CLINCH LIEGST ODER VON DEM DU ENTFREMDET BIST?

③ WELCHEN WEG ZU INNEREM FRIEDEN KÖNNTEST DU GEHEN, WENN ES NICHT MÖGLICH IST, MIT EINER PERSON DIREKT ZU SPRECHEN, MIT DER DU EINE UNAN- GENEHME SITUATION ERLEBT HAST?

Challenge des Tages

Lies 2. Korinther 5,20: Finde heraus, wie du dich in dieser Hinsicht von Gott heute und in dieser Woche gebrauchen lassen kannst!

MENTORING

Lass dich ermutigen, generationsübergreifendes Mentoring
für dein Glaubensleben anzunehmen oder es anzuregen!

———

RIESEN BESIEGEN

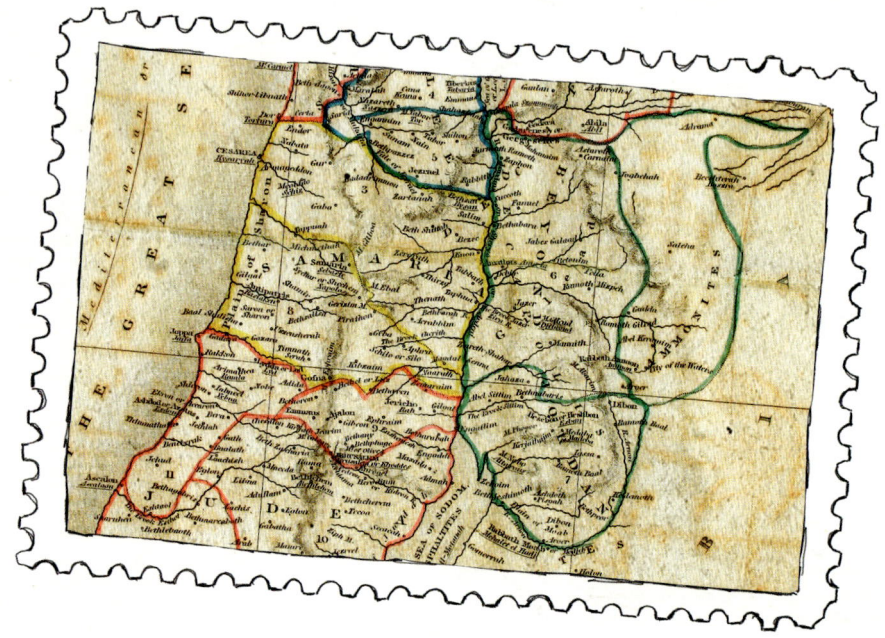

> *DOCH KALEB ERMUTIGTE DIE ISRAELITEN, DIE SICH GEGEN MOSE STELLTEN: „LASST UNS SOFORT AUFBRECHEN UND DAS LAND EINNEHMEN, DENN WIR KÖNNEN ES GANZ BESTIMMT EROBERN!", RIEF ER.*

4. Mose 13,30

Der Spähtrupp setzt sich in Bewegung. Endlich ist es so weit. Mose sendet zwölf Kundschafter aus, um sich ein Bild von dem Land zu machen, das sie erobern wollen. Die zwölf durchziehen das Gebiet von Süden bis Norden. Sie wandern durch ein fruchtbares Land, in dem Granatäpfel und saftige Feigen wachsen. Als sie nach 40 Tagen wieder im Lager sind, bringen sie eine Weinrebe mit, die so schwer ist, dass sie von zwei Männern getragen werden muss. Vor ihnen liegt das versprochene Land, in dem Milch und Honig fließen.

Voller Spannung erwarten alle den Bericht der Kundschafter. Da passiert etwas Unerwartetes. Zehn Kundschafter erzählen zuerst, dass das Land zwar gut ist, es dort aber Riesen gibt, die sie nicht besiegen können. Da greift Kaleb, einer der zwölf, ein und macht den anderen Mut: „Macht euch keine Sorgen wegen der Riesen. Wir werden das schaffen!" Die zehn widersprechen ihm: „Wir werden das nicht hinkriegen. Die Einwohner sind zu stark." Daraufhin erzählen sie dem Volk, dass das Land doch gar nicht so toll ist, und schlagen vor: „Lasst uns zurück nach Ägypten gehen, da geht es uns besser." Aber Kaleb lässt sich nicht entmutigen. Er ruft das Volk auf: „Das Land ist ausgezeichnet. Wenn Gott uns gnädig ist, dann wird er uns dieses Land schenken. Mit Gottes Hilfe werden wir die Riesen besiegen. Habt keine Angst!"

> **NICHT DIE RIESEN SIND DAS PROBLEM, SONDERN UNSER MANGELNDES VERTRAUEN IN GOTT.**

So etwas wollen die Israeliten aber nicht hören. Sie beschließen deshalb, Josua, den anderen Kundschafter, der dem Volk Mut macht, und Kaleb umzubringen. Da greift Gott persönlich ein und beschützt sie. Das Volk Israel hatte mit eigenen Augen gesehen, wie Gott das Meer teilte und sie vor der ägyptischen Armee rettete. Trotzdem zweifeln die Israeliten, weil sie auf ihre eigene Kraft sehen und Gott nicht in die Rechnung miteinbeziehen. Als Folge muss das Volk 40 Jahre in der Wüste umherwandern, und keiner von ihnen soll in das verheißene Land kommen. Es gibt nur zwei Ausnahmen: Josua und Kaleb. Weil Kaleb Gott treu war, soll er das verheißene Land betreten. 45 Jahre nach der Aussendung der Kundschafter erobern die Israeliten das Land Kanaan. Es ist Kaleb, der im Alter von 85 Jahren darum bittet, dass er gegen die Riesen im Gebirge kämpfen darf. Mit seinen eigenen Händen besiegt er die Riesen.

Damit zeigt Kaleb, dass nicht die Riesen das eigentliche Problem sind, sondern dass wir Gottes Wort und seinen Verheißungen nicht vertrauen. Gott hatte seinem Volk versprochen, dass es das Land einnehmen wird. Und Kaleb zweifelt nicht daran. Er lässt sich nicht entmutigen, als die anderen zehn Kundschafter aufgeben. Er lässt sich auch nicht entmutigen, als er 40 Jahre mit dem meckernden Volk durch die Wüste wandern muss. Kaleb vertraut Gott! Am Ende erreicht er das verheißene Land und kann seinen Lebensabend genießen.

Wer sind die Riesen in deinem Leben? Hast du Probleme mit Lehrern, Mitschülern, Kommilitonen, deinen Eltern? Oder hast du Schwierigkeiten an deinem Arbeitsplatz oder in deiner Beziehung, die dir unlösbar erscheinen? Bist du enttäuscht und entmutigt? Mach dir keine Sorgen! Bei Gott ist nichts unmöglich. Wir brauchen manchmal Geduld, aber in Kalebs Geschichte sehen wir, dass Gott uns nicht im Stich lässt. Wir können seinem Wort vertrauen. Mit unserem Gott können wir die Riesen besiegen.

Autor: Alexander Fey

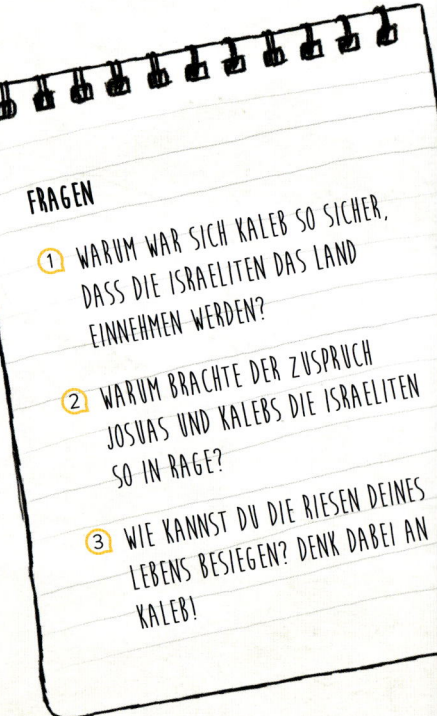

FRAGEN

1. WARUM WAR SICH KALEB SO SICHER, DASS DIE ISRAELITEN DAS LAND EINNEHMEN WERDEN?

2. WARUM BRACHTE DER ZUSPRUCH JOSUAS UND KALEBS DIE ISRAELITEN SO IN RAGE?

3. WIE KANNST DU DIE RIESEN DEINES LEBENS BESIEGEN? DENK DABEI AN KALEB!

Challenge des Tages

Such dir einen Menschen aus, dem du heute begegnest, und überleg dir, warum und in welchem Bereich dir dieser Mensch ein Vorbild sein kann.

WIE EIN EIGENES KIND

Gibt es Erwachsene, die dich als „ihr Kind" bezeichnen? Üblicherweise tun das zumindest mal deine Eltern. Aber darüber hinaus noch jemand? Ich will dir dazu ein Stückchen aus dem Leben von Paulus und Timotheus erzählen.

Das Verhältnis zwischen Paulus und Timotheus muss echt besonders gewesen sein. Denn Paulus sagte von Timotheus, dass er wie ein eigenes Kind für ihn sei. Kennengelernt haben die beiden sich wahrscheinlich während Paulus' zweiter Missionsreise in Lystra. Timotheus war als Halbjude zwar in keinem ungläubigen Elternhaus aufgewachsen, aber es war vermutlich Paulus, der ihm schließlich den Anstupser gab, an Christus zu glauben. Im Anschluss daran nahm Paulus ihn als Begleiter und Mitarbeiter auf der Missionsreise mit.

In den folgenden Jahren war Paulus für Timotheus nicht nur Vorbild, sondern er vertraute ihm nach und nach Aufgaben an und übertrug ihm Verantwortung –

ICH SCHREIBE DIESEN BRIEF AN TIMOTHEUS, DER DURCH DEN GLAUBEN WIE EIN EIGENES KIND FÜR MICH IST. GNADE, BARMHERZIGKEIT UND FRIEDEN WÜNSCHE ICH DIR VON GOTT, UNSEREM VATER, UND CHRISTUS JESUS, UNSEREM HERRN.

1. Timotheus 1,2

JEDER HAT EINE PORTION WEISHEIT, DIE ER WEITERGEBEN KANN.

„learning by doing" war schon damals nicht unbekannt. Wir wissen nicht, wie alt Timotheus zu diesem Zeitpunkt war, aber es ist gut möglich, dass zwischen ihm und Paulus ein Altersunterschied von etwa 30 Jahren lag. Das hinderte sie aber nicht daran, ein enges Vertrauensverhältnis, eine tiefe Liebe zueinander zu haben – wie zwischen Vater und Sohn.

Timotheus profitierte viel von der Art und Weise, wie Paulus mit ihm umging. Als Paulus ihm seine zwei Briefe schickte, stand Timotheus in seiner Ortsgemeinde vor großen Herausforderungen. Paulus saß während des Schreibens des zweiten Briefs im Gefängnis und war sich offensichtlich bewusst, dass Timotheus bald ganz ohne ihn auskommen musste. Deshalb war es ihm wichtig, Timotheus durch diesen Brief noch einmal Mut zu machen und ihm seine Lebens- und Glaubenserfahrungen weiterzugeben.

Das war vor 2000 Jahren, und ich bin erstaunt, wie aktuell es heute noch ist. Vor einigen Jahren hatte ich in meiner Heimatgemeinde außer meinen eigenen Geschwistern kaum jemand in meinem Alter, der regelmäßig im Gottesdienst war. Es war für mich oft langweilig und ich hätte mit gutem Grund sagen können, dass ich sabbats nicht mehr komme, sondern zu Hause bleibe, mich mit meinen Schulfreunden treffe oder eben einfach etwas anderes mache. Doch dazu kam es nicht, und im Nachhinein bin ich dafür dankbar. Ich bin dankbar dafür, dass ich gespürt habe, den Menschen in meiner Gemeinde am Herzen zu liegen. Außerdem bin ich mir sicher, dass man nach mir gefragt hätte, wenn ich einen Sabbat nicht in den Gottesdienst gekommen wäre. Nicht um mich zu verurteilen! Nein, sondern um mir zu zeigen, dass ich ein wichtiger Teil der Gemeinde bin, und um mich zu ermutigen, an Gott festzuhalten. Wenn ich krank war, wurde ich die Woche(n) darauf gefragt, ob es mir denn besser gehe und ob ich wieder gesund sei.

Neulich kam eine ältere Schwester auf mich zu und fragte mich, wie es mit dem Abi stehe, ob ich schon Ergebnisse wisse und wann ich fertig sei. Mut machte sie mir auch, indem sie sagte, dass ich das schon schaffe, ich sei ja fleißig. Vielleicht magst du darüber schmunzeln, aber für mich ist das ein Zeichen von echtem Interesse und dem Wunsch der Anteilnahme an meinem Leben, am Leben der Jugendlichen. Dieses persönliche Interesse von einigen Gemeindegliedern, das sich in einfachen Fragen zu meinem Leben äußerte, war für mich ein wichtiger Grund dafür, trotz Langeweile Gemeindekontakt zu halten. Bewusst geworden ist mir das erst im Nachhinein.

Ich weiß nicht, wie es dir in deiner Gemeinde geht, aber ich bin mir sicher, du und ich, wir können viel von den Geschwistern in unseren Gemeinden lernen. Vermutlich werden wir nicht alle einen so großen Lehrer wie Paulus an unsere Seite kriegen. Aber das macht nichts. Jeder hat eine Portion Weisheit, die er weitergeben kann. Lass dich von deiner Gemeinde unterstützen, motivieren und herausfordern. Wie das auch Eltern mit ihren Kindern tun. Schließlich sind wir eine große Familie – mit einem wunderbaren gemeinsamen Vater im Himmel!

Autorin: Chantal Igler

Challenge des Tages

Nimm dir Zeit, um Gott für die Menschen zu danken, die dich bis jetzt im Leben begleitet und im Glauben ermutigt haben. Gibt es auf der anderen Seite Personen in deinem Umfeld, die vielleicht gerade jetzt deine Unterstützung und Begleitung brauchen? Steh ihnen durch Gebet, Zeit und Rat zur Seite!

FRAGEN

1. WAS GLAUBST DU: WIE KONNTE DAS VERTRAUENSVERHÄLTNIS ZWISCHEN PAULUS UND TIMOTHEUS WACHSEN?

2. WIE KANNST DU VON DER LEBENSERFAHRUNG ÄLTERER MENSCHEN PROFITIEREN?

3. WAS MÜSSTE SICH IN DEN BEZIEHUNGEN ZU DEINEN GEMEINDEGESCHWISTERN VERÄNDERN, DAMIT DU WIEDER GERNE ODER NOCH LIEBER IN DEN GOTTESDIENST GEHST?

EINE ZWEITE CHANCE FÜR DICH?!

DENN ER WIRD MIR BEI MEINEM DIENST NÜTZLICH SEIN.

2. Timotheus 4,11

„Noch eine Chance für ihn? Mit mir nicht! Er hat uns im Stich gelassen, und jetzt können wir ihn nicht mitnehmen!" Wie kam es zu diesem Streitgespräch zwischen Paulus und Barnabas? Werfen wir einen Blick auf den Hintergrund dieser Geschichte, die du ab Apostelgeschichte 12 nachlesen kannst.

Johannes Markus wuchs in einer gläubigen Familie auf. Seine Eltern waren sehr gastfreundlich, daher versammelten sich die frühen Christen oft und gern bei ihnen. Er lernte dadurch die Jünger Jesu kennen und wurde schon früh durch ihren unerschrockenen Glauben an Gott inspiriert. Er wollte als Jugendlicher auch gerne etwas für Gott tun: am liebsten als Missionar irgendwo da draußen etwas Großes leisten. Und dann kam der Tag. Paulus und Barnabas wählten ihn als Begleiter für ihre erste Missionsreise aus. Was für eine Ehre!

Als Nächstes finden wir Johannes Markus auf Zypern wieder, wo er als Helfer der beiden tätig ist. Dort bekam er auch die Auseinandersetzungen mit dem Zauberer Elymas mit, die ihm ganz schön zusetzten. So hatte er sich das nicht vorgestellt … Er war enttäuscht und seine Erwartungen waren nicht erfüllt. So warf er das Handtuch und kehrte heim zu Mama. Das hätte das Ende der Geschichte sein können. Ein enttäuschter Jugendlicher, der eine Chance bekam und versagte.

Aber dann gibt es – Gott sei Dank – Gemeindeglieder wie Barnabas. Er war bereit, mit Paulus nach dem Apostelkonzil in Jerusalem die neuen Gemeinden zu besuchen. Barnabas schlug vor, Johannes Markus eine zweite Chance zu geben. Er sah in diesem Jugendlichen ein Potenzial, das vor sich hin schlummerte. Er wollte sich noch einmal intensiv um ihn bemühen. Aber Paulus war strikt dagegen. Zu tief saß die Enttäuschung vom letzten Mal. Sie hätten ihn wirklich gebrauchen können – und dann war er plötzlich nicht mehr da. So kam es zum eingangs erwähnten Streitgespräch. Am Ende gab keiner von beiden nach, und so zog Barnabas alleine mit Johannes Markus los. Auch hier könnte die Geschichte zu Ende sein. Mit der Antwort auf die Frage: Wie hat sich Johannes Markus dieses Mal angestellt? Hielt er durch? Aber es geht in der Bibel noch weiter.

AUS DEM UNLIEBSAMEN VERSAGER WURDE DER GESCHÄTZTE FREUND.

Als Paulus Jahre später im Gefängnis saß, schrieb er einen Brief an die Gemeinde in Kolossä. Am Ende des Briefes erwähnt er plötzlich, dass Johannes Markus bei ihm ist und nun von ihm nach Kolossä geschickt wird. Was war passiert? Er hatte sich scheinbar im Dienst seines Cousins Barnabas bewährt, hatte zu ihm gehalten, war drangeblieben. Weil Barnabas an ihn glaubte und ihm immer wieder zeigte, was er mit Gottes Hilfe durch seine Fähigkeiten erreichen kann. Johannes Markus durfte durch dieses Gemeindeglied noch stärker als vorher die Liebe und Gnade Gottes erleben –

eine Gnade, die noch einmal eine Chance gibt. Jemanden, der zuhört und sich um einen kümmert, genau das brauchte Johannes Markus. Und genau das fand er in Barnabas. Das bereitete ihn für andere, wichtigere Aufgaben in der Gemeinde vor. Und eines Tages freute sich selbst Paulus, ihn als treuen und fähigen Mitarbeiter an seiner Seite zu haben. Am Ende seines Lebens, als er wieder einmal im Gefängnis saß, schrieb Paulus seinen zweiten und letzten (uns überlieferten) Brief an Timotheus. Darin erwähnt er, dass manche treue Weggefährten ihn verlassen haben, aber dass er sich nach der Anwesenheit von Johannes Markus sehnt und sich wünscht, ihn bei sich zu haben: „Denn er wird mir bei meinem Dienst nützlich sein." Aus dem unliebsamen Versager wurde der geschätzte Freund.

Auch hier könnte die Geschichte von Johannes Markus zu Ende sein. Aber ihm war das nicht genug. Gott gebrauchte ihn, um uns allen „nützlich" zu sein. Er war so begeistert vom Leben Jesu und davon, was sein himmlischer Freund für ihn getan hatte, dass er unbedingt die Geschichte von Jesus Christus für andere – für uns – aufschreiben wollte. Und so entstand das Markusevangelium. Es ist ein Buch der Wunder. In keinem anderen Evangelium wird von so vielen Wundern Jesu berichtet wie hier. Weil Johannes Markus sie in seinem eigenen Leben erlebt hatte. Und weil ein Gemeindeglied an ihn glaubte, ihm eine zweite Chance gab und ihn zum „nützlichen Dienst" anleitete.

Autor: Marc Engelmann

Challenge des Tages

Lies dir eines der Wunder im Evangelium von Markus durch, staune über Jesus und halte die Augen offen, wie du heute Menschen zum Segen werden kannst!

FRAGEN

1. WIE VERHÄLTST DU DICH EINER PERSON GEGENÜBER, DIE DICH SCHON EINMAL ENTTÄUSCHT HAT?

2. WER IN DEINER FAMILIE, BEKANNTSCHAFT ODER GEMEINDE HÄTTE EINE ZWEITE CHANCE VON DIR VERDIENT?

3. FÜR WELCHEN MENSCHEN BIST DU SCHON ODER KANNST DU EIN MENTOR SEIN?

BE LIKE JESUS

„Das ist er! Genau so will auch ich mal sein!" Welches Kind hat so etwas nicht mindestens einmal gesagt oder zumindest gedacht? Die Vorbilder wechseln allerdings mit den Jahren: Sind es anfangs noch die Eltern, werden diese recht schnell von Sportlern, Sängern oder anderen Berühmtheiten abgelöst. Und auch als Jugendlicher hat man noch Vorbilder, oder? Die meisten Menschen haben mit Sicherheit nicht nur ein Vorbild, sondern mehrere. Menschen, zu denen sie aufblicken, an denen sie sich orientieren, denen sie nacheifern. Auch ich habe in verschiedenen Bereichen unterschiedliche Vorbilder. Manche sind mir sehr nah und persönlich, wieder andere sind weit weg und mehr Idole als wirklich erreichbar.

In meiner Freizeit spiele ich Saxofon und da schaut man doch gerne bei Konzerten oder Lobpreisgottesdiensten auf die

> *IHR SOLLT SO LEBEN, WIE ES DER BOTSCHAFT VON CHRISTUS ENTSPRICHT.*
>
> *Philipper 1,27*

anderen Saxofonisten, was sie draufhaben und wie toll sie spielen können. Bei einem Konzert dachte ich: *Wahnsinn, wie der spielen kann. Allein das Solo: einfach unglaublich.*

JESUS ZU BEWUNDERN BRINGT REIN GAR NICHTS, WENN WIR NICHT AKTIV WERDEN.

Ich bin mir sicher, auch du hast Vorbilder in deinem Leben. Wer fällt dir spontan ein? An wem orientierst du dich? Und warum? Den Kern dessen, was es bedeutet, ein Vorbild zu haben, trifft in meinen Augen der obige Satz: „Genau so will ich auch mal sein", oder besser gesagt: „Ich möchte das auch so können wie sie oder er."

Mein größtes Vorbild habe ich noch nicht genannt: Jesus. Zu sein wie Jesus, ihm ähnlicher werden, ihm nachzufolgen, das anzustreben, was er vorgelebt hat, das sollte zum Alltag eines Christen dazugehören. Das ganze neue Testament gibt uns Einblicke darin, wie er gelebt und wie er sich verhalten hat. In dem Text, den ich für diese Andacht herausgesucht habe, stecken jede Menge Hinweise. Nimm dir deine Bibel und lies im Philipperbrief von Kapitel 1,27 bis 2,8.

Wenn wir an Jesus denken, haben wir sicher schnell das Bild vom lieben, gnädigen und einfühlsamen Jesus im Kopf. Der auf Sünder eingeht, der vergibt, der die Müden, Beladenen und Verwundeten aufnimmt und ihnen neue Kraft gibt. So ist Jesus – auch. Es gibt aber noch viele andere Seiten an ihm. Jesus, der gerne mit Kindern gespielt und gelacht hat. Jesus, der richtig zornig werden konnte, Jesus, der nie die Sünde verharmlost, sondern die Wahrheit beim Namen genannt hat. Diesem Jesus sollen wir also auch ähnlicher werden ... Das Entscheidende bei allem ist: „Ihr sollt so leben, wie es der Botschaft von Christus entspricht." Es geht um die Praxis, um den praktischen Lebensvollzug. Nicht um Theorie und schöne Lippenbekenntnisse.

Schauen wir uns den Saxofonisten aus meinem Beispiel weiter oben an. Ich habe mein Ziel nie erreicht, so spielen zu können wie er. Ich habe ihn bewundert, aber dummerweise war ich ein fauler Hund, der nicht geübt hat. Und somit konnte ich meinem Vorbild nicht nacheifern. All die Träume, all das Schwärmen, all das Beobachten – das hat nichts gebracht, weil es Theorie geblieben ist. Ich bin nicht zur Praxis durchgedrungen. Um mein Ziel zu erreichen, hätte ich etwas unternehmen müssen. Und genau so ist es mit Jesus auch: Ihn zu bewundern, zu sagen und zu bekräftigen, was für ein toller Mensch er doch war, wie gut er mit Leuten umgegangen ist, – bringt alles rein gar nichts, wenn wir nicht aktiv werden und, wie Paulus es nennt, unser Leben in Einklang mit dem Evangelium bringen. Darauf kommt es an!

Autor: Filip Milicevic

FRAGEN

1. WEISST DU NOCH, WER DIE HELDEN DEINER KINDHEIT WAREN? WESHALB HAST DU DIR DAMALS GENAU DIESE VORBILDER HERAUSGESUCHT?

2. HAST DU JESUS ALS DEIN PERSÖNLICHES VORBILD ANGENOMMEN? JA ODER NEIN: WARUM?

3. ZUGEGEBEN: JESUS IST ALS VORBILD DIE HÖCHSTE MESSLATTE, DIE WIR UNS SETZEN KÖNNEN. WARUM SOLLTE UNS DIESE UNERREICHBARKEIT TROTZDEM NICHT ENTMUTIGEN, IHM ÄHNLICHER ZU WERDEN?

Challenge des Tages

Von der Theorie zur Praxis: Be like Jesus! Such dir heute einen Aspekt von Jesus und seinem Verhalten aus und setz ihn in deinem Alltag um. Denk abends drüber nach: Wie leicht fiel dir das? Wie war die Reaktion der Menschen, die vielleicht in die Situation integriert waren? Wie hast du dich dabei gefühlt?

BESTE FREUNDE

> *JONATAN SCHLOSS MIT DAVID EINEN FREUNDSCHAFTSBUND, WEIL ER IHN LIEBTE WIE SEIN EIGENES LEBEN.*
>
> 1. Samuel 18,3

Ich bin mir ziemlich sicher, dass dir sofort das Duell mit dem Riesen Goliat einfällt, wenn du an David aus der Bibel denkst. Aber kennst du auch die Geschichte von seiner innigen Freundschaft mit Jonatan? Die ist auch richtig spannend. Denn einfach waren die Vorzeichen ihrer Freundschaft wirklich nicht: Jonatan war nämlich der Sohn Sauls, des Königs von Israel, der David töten wollte. Außerdem hatte Jonatan Anspruch auf den Königsthron nach seinem Vater, aber Gott hatte David für den Königsposten auserwählt. Und trotzdem waren beide so gute Freunde – das ist unfassbar.

Im Kapitel 20 des ersten Buchs Samuel lesen wir die wohl dramatischste Episode ihrer Freundschaft: Da Saul also neidisch auf David war, wollte er ihn unbedingt loswerden. Jonatan aber fasste einen Rettungsplan. David sollte sich verstecken und an einem vereinbarten Ort warten. Jonatan würde auf dem Feld Pfeile abschießen und seinem Diener befehlen, diese wieder einzusammeln. Wenn er dann rufen würde: „Sie sind auf dieser Seite", so wäre alles in Ordnung und David brauchte keine Angst zu haben. Wenn Jonatan jedoch rufen würde: „Die Pfeile sind weiter weg", so müsste David fliehen, da er in Lebensgefahr wäre. Im Folgenden musste David fliehen, da Saul ihn tatsächlich töten wollte.

Was für ein Freundschaftsbeweis! Wie sieht es bei uns aus? Klar, wir haben auch Freunde, wahrscheinlich auch einen besten Freund. Aber könntest du dir vorstellen, jemandem zu helfen, der dir vielleicht sogar eine so große Chance wegnimmt wie David Jonatan? Ich glaube, heutzutage ist echte Freundschaft etwas Seltenes. Viele sogenannte Freunde reden hinter unserem Rücken über uns oder sind, wenn es darauf ankommt, nicht für uns da. Wenn diese Leute schon die eigenen Freunde nicht respektieren, wie wenig Respekt haben sie dann erst vor Menschen, die sie nicht leiden können? Wenn du denkst, ich behandle doch meine Freunde mit Respekt, dann ist das schon ein guter Anfang. Aber hör mal in dich hinein: Wie sieht es mit Menschen aus, die dir nicht wirklich sympathisch sind?

> **JESUS SAGT UNS, DASS WIR NICHT BESSER SIND ALS UNGLÄUBIGE, WENN WIR NUR UNSERE FREUNDE LIEBEN.**

Jesus sagt uns, dass wir nicht besser sind als Ungläubige, wenn wir nur unsere Freunde lieben. Die Herausforderung ist doch erst, seine Feinde zu lieben. Das fällt natürlich niemandem leicht. Wir alle haben schwache Momente in unserem Leben und reagieren oftmals falsch. Natürlich müssen wir auch nicht gleich mit jedem „beste Freunde" werden. Trotzdem sollten wir als Christen allen Mitmenschen Nächstenliebe, also einen demütigen Respekt entgegenbringen, da auch sie Gottes Geschöpfe sind.

Du fragst dich jetzt bestimmt, wie so etwas überhaupt umsetzbar ist. Das ist zuge-gebenermaßen eine der größten Herausforderungen unseres Lebens. Glaubst du, es fällt mir leicht, nicht aggressiv zu werden, wenn vor mir eine Schlaftablette im Auto fährt? Und das ist noch ein banales Beispiel. Das Problem liegt meiner Meinung nach darin, dass wir Schwierigkeiten haben, so zu handeln, wie Jesus es tat. Wir rechtfer-tigen uns damit, dass Jesus ja ein Übermensch gewesen sei, sodass wir niemals nach seinem Vorbild handeln können. Klar, wir können nie voll und ganz das umsetzen, was Jesus von uns möchte. Das ist aber der Knackpunkt. Wenn wir Jesus mehr und mehr Platz in unserem Leben einräumen und ihn zum Mittelpunkt unseres Lebens machen, wird er uns dabei helfen, seine Ziele zu erreichen. Wenn wir eine echte Beziehung zu Jesus haben, der uns so annimmt, wie wir sind, werden wir es schaffen, auch mit uns „unsympathischen" Menschen respektvoll umzugehen.

Autor: Raphael Burkhardt

FRAGEN

① BIST DU WIE JONATAN BEREIT DAZU, SELBST AUCH EINMAL ZURÜCKZUTRETEN UND EINEM FREUND DEN VORTRITT ZU LASSEN?

② JONATAN MACHTE SEINEM EIGENEN VATER EINEN STRICH DURCH DIE RECHNUNG, INDEM ER DAVID WARNTE. WAS HÄLTST DU DAVON, DASS ER GEGENÜBER SEINEM FREUND LOYALER WAR ALS GEGENÜBER SEINEM VATER?

③ WELCHE ANDEREN BEISPIELE IN DER BIBEL ODER AUCH IN ANDEREN BÜCHERN UND IN DER GESCHICHTE KENNST DU, IN DENEN UNS GROSSARTIGE FREUNDSCHAFTEN INSPIRIEREN KÖNNEN?

Challenge des Tages

Wenn wir an den überragenden Freund-schaftsdienst von Jonatan denken, fällt es uns vielleicht gar nicht mehr so schwer, wenigstens einen kleinen Schritt auf jemanden zuzugehen, der uns eigent-lich gar nicht sympathisch ist. Erweise heute bewusst einem Menschen, der bei dir nicht viele Sympathiepunkte hat, einen kleinen Freundschaftsdienst. Was macht das mit dem anderen? Und was macht das mit dir?

BIN ICH GOTTES MARIONETTE?

DENKE DOCH DARAN, HERR, WIE ICH DIR IMMER VON GANZEM HERZEN TREU WAR UND STETS GETAN HABE, WAS DIR FREUDE MACHTE.

2. Könige 20,3

Gott um Hilfe zu bitten erschien mir lange sinnlos. Erstens kennt Gott meine Bedürfnisse, und zweitens hat er doch sowieso einen besseren Plan als ich. Er hat den Überblick. Wieso sollte er meine kurzsichtigen Wünsche berücksichtigen und den Plan ändern, wenn die Veränderung am Ende schlecht für mich ist? Ist Beten nur ein Psychotrick? Sollen wir beten, um in uns eine dankbare Haltung zu erzeugen, während Gott das tut, was er sowieso schon vorhatte?

Ich habe lange mit diesem Problem gerungen. Dabei ging ich von einer falschen Grundvoraussetzung aus. Ich glaubte, Gott hätte zu Beginn der Welt einen Fahrplan entworfen, der jetzt wie am Schnürchen abläuft. Die Berichte der Bibel zeigen etwas anderes. Gott spricht als Mentor mit den Menschen und hört auf ihre Einwände. Er nimmt Planänderungen vor, weil er sich von den Argumenten der Menschen überzeugen lässt und gern mit ihnen zusammenarbeitet. Abraham verhandelt mit Gott über die Vernichtung von Sodom. (1. Mose 18,16–33) Mose überzeugt Gott, kein neues Volk mit ihm zu beginnen, sondern mit dem alten weiterzugehen. (2. Mose 32,11–14) Das ist verrückt: Man kann mit Gott diskutieren und die Debatte gewinnen!

WOHER STAMMT UNSERE VORSTELLUNG, GOTT HÄTTE ALLES IN STARREN PLÄNEN FESTGELEGT?

Hiskia, dem Gott durch einen Propheten ankündigte, er werde sterben, bittet Gott um weitere Jahre. Und Gott geht darauf ein, er gewährt ihm 15 zusätzliche Lebensjahre. Wir denken sofort: *Bestimmt waren sie furchtbar, diese 15 Jahre, die gehörten ja nicht zu Gottes Plan!* Aber die Bibel berichtet – neben dem Fehler, dass Hiskia babylonischen Abgesandten die Schatzkammer zeigte – von wichtigen Bauwerken und mächtigen Taten.

Woher stammt unsere Vorstellung, Gott hätte alles in starren Plänen festgelegt? Der Kirchenvater Augustinus kämpfte gegen die heidnischen Götter seiner Zeit an. Sie galten als launisch und wechselhaft. Augustinus wollte vermitteln: Der wahre Gott ist beständig. Er stellte ihn im Rückgriff auf Aristoteles als „unbewegten Beweger" vor. Er handelt, aber er wird von niemandem zum Handeln angeregt, er ist starr wie ein Fels in der Brandung.

Ein Felsklotz, der sich nicht berühren lässt? Dieses Gottesbild hat der Christenheit geschadet. Johannes Calvin trieb die Lehre auf die Spitze. Gebete bewirken nichts, erklärte er, denn wie soll das sündhafte Geschöpf den unfehlbaren Gott zu einer Sinnesänderung bewegen?

Die Bibel aber spricht von einem Gott, der durchaus zu Planänderungen bereit ist. Gott arbeitet Seite an Seite mit den Menschen und räumt ihnen die Möglichkeit ein, die Zukunft mitzugestalten. Er ist kein bloßes Prinzip wie die Zahl fünf, immer gleich, aber unfähig, eine Beziehung einzugehen oder auf andere Lebewesen zu reagieren. Gott ist anders – in der Bibel glauben die Menschen daran und reden mutig mit ihm. Sie sagen in den Klageliedern nicht: „Herr, gib mir die Kraft, mit dieser Lage umzugehen." Nein, sie flehen um Hilfe, sie fordern sie sogar: „Tu was! Hol mich hier raus, Gott!" Mose redete mit Gott wie mit einem Freund. Und Gott ist der großartigste Umplaner des Universums! Nach dem Sündenfall bringt er die Menschen nicht um, sondern verlässt mit ihnen den Garten, macht ihnen Kleidung und bleibt bei ihnen. Als der Plan scheitert, das Volk Israel zum Leuchtturmvolk auf der Welt zu machen, ändert Gott den Kurs und lädt die Heiden ein.

Nicht alles, was passiert, liegt in Gottes Hand. Wir tragen Verantwortung für die Umwelt und unsere Mitmenschen. Gott gibt uns Raum zum Handeln. Und er arbeitet mit uns zusammen. Deshalb lohnen sich Gespräche mit ihm.

Autor: Titus Müller

FRAGEN

1. CALVIN BEHAUPTETE, GOTT HABE DIE GESAMTE WELTGESCHICHTE IM VORAUS BESCHLOSSEN. WAS AUCH IMMER IM LEBEN PASSIERE, SELBST, DASS EINE MUTTER ZU WENIG MILCH FÜR IHR KIND IN DER BRUST HAT, SEI VON GOTT GEWOLLT, UND WIR DÜRFTEN ES NICHT HINTERFRAGEN. WAS DENKST DU ÜBER DIESE ANSICHT?

2. LIES 2. MOSE 32,9–14. WIE EMPFINDEST DU MOSES UMGANG MIT GOTT?

3. WENN GOTT AUF VORSCHLÄGE VON UNS HÖRT UND PLANÄNDERUNGEN VORNIMMT, BÜRDET UNS DAS NICHT ZU VIEL VERANTWORTUNG AUF?

Challenge des Tages

Erzähl Gott deine privatesten Gedanken! Kannst du glauben, dass er sich daran erfreut und sich diese Nähe zu dir wünscht? Besprich alle deine Pläne mit ihm!

———

AUSBILDEN

Lass dich ermutigen, Ausbildungsmöglichkeiten wahrzunehmen
oder zu schaffen, um Verständnis, individuelle Gaben,
Fähigkeiten und Dienste zu fördern!

———

VERRÜCKTE MAßSTÄBE

JESUS SAGTE ZU SIMON: „HAB KEINE ANGST! VON JETZT AN WIRST DU MENSCHEN FISCHEN!"

Lukas 5,10

Jesus hat schon verrückte Maßstäbe. So wirklich versteht ihn niemand. Als Nachfolger hat er sich Fischer ausgesucht. Also Leute, die wahrscheinlich nie eine Schriftrolle in der Hand gehalten haben, nicht lesen können und wohl auch nie überzeugend mit Gelehrten diskutieren können. Dann berührt er einen Aussätzigen – mit der Hand! Und jetzt genießt er gemeinsam mit einem Zöllner, einem Verräter des jüdischen Volks, ein Festmahl. Was denkt er sich dabei? Das ist nicht gerade der Umgang, den ein gesitteter Bürger pflegen sollte. Was sieht er bloß in diesen Menschen?

Genau das ist die richtige Frage: Was sieht Jesus in diesen Menschen? In den Geringen, Sündern, Ausgeschlossenen? Darauf hat Jesus gewartet: Warum sitzt du hier mit einem Zöllner zusammen? Und Jesus erklärt: Genau diese Menschen sind der Grund, warum ich hier bin, an diesem Ort und zu dieser Zeit. Genau für diese Menschen bin ich da. Nicht die Gesunden, die Kranken brauchen den Arzt! Ich kann nichts mit jemandem anfangen, der gut ist, der perfekt ist, der sich selbst zu sehr liebt. Was sollst du von mir lernen, wenn du schon alles weißt? Was soll ich dir beibringen, wenn du keine Fehler einsiehst?

Das ist der Eignungstest, wenn man bei Jesus eine Ausbildung beginnen will. Bist du bereit, dich zu hinterfragen und zu verändern? Denn das geschieht. Und Jesus arbeitet nicht oberflächlich, er setzt am Charakter eines Menschen an, an seinem inneren Wesen. Das kann hart und schmerzhaft werden. Die Jünger mussten das am eigenen Leib erfahren. Auf einem stürmischen See hatten sie Todesangst. Als die Pharisäer sich wieder einmal bei Jesus über ihr Verhalten beschwerten, war ihnen das peinlich und unangenehm. Sie wurden von Jesus hart gerügt, als sie ein ganzes Dorf in Asche verwandeln wollten. Und schließlich waren sie hoffnungslos verzweifelt, als ihr Herr am Kreuz hing. Regungslos. Tot. Nein, mit den Jüngern will man nicht unbedingt tauschen. Ihre Reise war häufig hart und anstrengend. So ist das, wenn Jesus der Ausbilder ist.

Petrus wusste das, als er zum ersten Mal erkannte, wer Jesus wirklich war. Seine einzigen Worte waren: „Geh weg von mir, denn ich bin ein Sünder." Er hatte noch so einen weiten Weg zu gehen und so viele Dinge zu lernen. Es ist schon ein Wunder, wenn man bedenkt, was aus ihm geworden ist. Und er ging den Schritt, obwohl die Aussichten so schlecht standen. Warum? Weil es Jesus um mehr ging als nur um die harte und schmerzvolle Arbeit am Charakter. Jesus zeigt, worum sich das Leben eigentlich dreht, warum wir hier auf diesem kleinen Planeten existieren. Jesus gibt eine Perspektive: Petrus fragt sich nicht mehr, ob er sich im nächsten Jahr ein neues Fischernetz kaufen kann. Sein Leben dreht sich nicht mehr um ihn selbst, er hat ein höheres Ziel, für das er

> **JESUS ARBEITET NICHT OBERFLÄCHLICH, ER SETZT AM CHARAKTER EINES MENSCHEN AN.**

seine ganze Kraft einsetzen kann. Dieses Ziel ist ihm so wertvoll, dass er bis zum Tod dafür kämpft. Das geschieht, wenn Jesus ausbildet.

Noch einmal die Frage: Was sieht Jesus in diesen Menschen bloß? Er sieht das Potenzial. Die Möglichkeiten, wenn sie ihren Blick auf Gott richten und sich verändern lassen. Und dabei dürfen sie unglaublich kreativ sein. Jede Fähigkeit, jedes Wissen kann für dieses höhere Ziel eingesetzt werden. Das alles ist heute nicht anders. Jesus will jedem Leben seinen wahren Wert klarmachen, er will die Ausbildung übernehmen. Auch bei mir war das so: Erst als ich ein Opfer brachte und die Hoheit über mein Leben aufgab, wurde mir klar, was Gott mit meinem Leben noch vorhat.

Autor: Philip Nern

FRAGEN

1) WAS DENKST DU ÜBER DIE FORMULIERUNG, DASS JESUS UNSER AUSBILDER IST?

2) VERGLEICHE JESUS MIT EINEM DEINER LEHRER, MEISTER ODER PROFESSOREN. WO LIEGEN GEMEINSAMKEITEN, WO UNTERSCHIEDE?

3) JESUS IST UNGLAUBLICH KREATIV IM EINSETZEN VON MENSCHLICHEN FÄHIGKEITEN UND TALENTEN FÜR SEINEN GROßEN PLAN. WELCHE DEINER EIGENSCHAFTEN KÖNNTE ER BESONDERS GUT GEBRAUCHEN? VERSUCHE, MÖGLICHST „UM DIE ECKE" ZU DENKEN, ALSO NICHT NUR BEI OFFENSICHTLICHEM ZU BLEIBEN, WIE ZUM BEISPIEL DEIN TALENT DES KLAVIERSPIELENS IM GOTTESDIENST EINZUSETZEN.

Challenge des Tages

Sprich mit Jesus über seinen Plan für dein Leben. Teil ihm alle deine Ängste, deine Befürchtungen, aber natürlich auch deine Träume und Visionen mit. Du kannst dir auch Notizen dazu machen. Sei besonders offen für die Antworten von Jesus auf deine Frage, wohin es im Leben gehen soll. Und sei dir sicher, dass er die allerbesten Antworten für dich hat!

WELTBEWEGER

Malala Yousafzai wurde 1997 in Pakistan geboren. Sie war schon immer begeistert von Büchern und lernt unglaublich gern. 2007 ergriffen die Taliban die Kontrolle über ihr Dorf: Auf einmal war es Mädchen verboten, zur Schule zu gehen. Malala war am Boden zerstört. Mit nur elf Jahren begann sie, sich öffentlich gegen dieses Verbot aufzulehnen. Sie trat sogar im Radio und Fernsehen auf. Ihr Engagement gefiel den Taliban gar nicht. Malala bekam sogar Morddrohungen. Trotzdem kämpfte sie voller Leidenschaft weiter

EINES NACHTS KAM EIN PHARISÄER MIT NAMEN NIKODEMUS ZU JESUS, DER ZU DEN FÜHRENDEN JUDEN ZÄHLTE. „MEISTER", SAGTE ER, „WIR ALLE WISSEN, DASS GOTT DICH GESANDT HAT, UM UNS ZU LEHREN. DIE WUNDER, DIE DU TUST, BEWEISEN, DASS GOTT MIT DIR IST."

Johannes 3,1–2

gegen diese Ungerechtigkeit. Im Oktober 2012 schoss ihr ein Taliban in den Kopf. Sie war damals gerade einmal 15 Jahre alt.

Doch die Taliban konnten dieses Mädchen einfach nicht aufhalten. Wie durch ein Wunder überlebte sie diesen Mordanschlag und kann sich weiterhin weltweit für Schulbildung einsetzen. Ihr wurde sogar der Friedensnobelpreis verliehen. In einer Rede vor den Vereinten Nationen sagte sie: „Am 9. Oktober 2012 haben die Taliban auf mich und meine Freunde geschossen und meine linke Stirn getroffen. Sie haben gedacht, dass die Kugeln uns zum Schweigen bringen würden, aber sie sind gescheitert. Denn aus der Stille kamen Tausende Stimmen. Die Terroristen dachten, sie könnten meine Ziele verändern und meinen Ehrgeiz stoppen. Aber in meinem Leben hat sich nichts verändert mit einer Ausnahme: Schwäche, Angst und Hoffnungslosigkeit sind verschwunden, Stärke, Kraft und Mut sind geboren."

> # DEUTSCHLAND HAT IM VERGLEICH ZU ALLEN ANDEREN INDUSTRIENATIONEN DAS UNGERECHTESTE BILDUNGSSYSTEM.

Diese Geschichte schenkt mir Mut, mich selbst für Chancengleichheit einzusetzen. Viele Jahre dachte ich, ich lebe in einem Land, in dem jeder die gleichen Bildungschancen hat. Doch leider habe ich mich geirrt. Die PISA-Studie deckte auf, dass Deutschland im Vergleich zu allen anderen Industrienationen das ungerechteste Bildungssystem hat. Insbesondere Migranten werden enorm diskriminiert.

Ich wohne in Herne, im Herzen des Ruhrgebiets. In meiner Stadt leben sehr viele Migranten. Vor Jahren fragten wir uns als Gemeinde, wie wir den Menschen in unserer Stadt helfen könnten. Wir begannen, im Asylbewerberheim unserer Stadt ein Freizeitprogramm für Kinder auf die Beine zu stellen. Als das Asylbewerberheim geschlossen wurde, richteten wir eine kostenlose Hausaufgabenbetreuung in unseren Gemeinderäumlichkeiten ein. In den vergangenen Jahren konnten wir Hunderten von Schülerinnen und Schülern aus Herne damit sehr helfen.

Jesus war ein Rabbi, ein Lehrer. Nikodemus, einer der gebildetsten Männer seiner Zeit, suchte Jesus heimlich auf, um von ihm zu lernen. Jesus lehrte aber an keiner Universität. Er schrieb auch nicht ein schlaues Buch nach dem anderen. Jesus investierte seine Zeit in die Ausbildung von zwölf einfachen, ungebildeten und zum Teil ausgestoßenen jungen Menschen. Ein ganz schönes Risiko, oder? Die Ausbildung der zwölf Jünger war keine Fehlinvestition. Nachdem Jesus die Erde verlassen hatte, legten sie sich nicht auf die faule Haut. Sie machten sich auf, gründeten die ersten Gemeinden und veränderten damit die Welt!

Ein Zitat aus der Rede von Malala trifft es für mich auf den Punkt: „Lasst uns einen weltweiten Kampf wagen, gegen Analphabetismus, Armut und Terrorismus, lasst uns unsere Bücher und Stifte holen, sie sind unsere stärksten Waffen. Ein Kind, ein Lehrer, ein Buch und ein Stift können die Welt verändern. Bildung ist die einzige Lösung."

Autorin: Anne Meyberg

FRAGEN

1. WELCHEN STELLENWERT HABEN SCHULE, AUSBILDUNG UND STUDIUM FÜR DICH? BIST DU DANKBAR FÜR DIESE MÖGLICHKEIT ODER WÜNSCHST DU DIR, DASS DAS LERNEN ENDLICH EIN ENDE HAT?

2. WAS DENKST DU: WARUM STECKTE JESUS SEINE ZEIT IN DIE AUSBILDUNG VON EINFACHEN MENSCHEN? WARUM IST JESUS BILDUNG SO WICHTIG?

3. OBWOHL SIE NUR KNAPP EINEN MORDANSCHLAG ÜBERLEBTE, SETZT SICH MALALA WEITERHIN FÜR GERECHTIGKEIT UND BILDUNG EIN. WAS BEWEGT DICH SO SEHR, DASS DU DICH VOLLER LEIDENSCHAFT DAFÜR EINSETZT?

Challenge des Tages

Schau dir die Rede von Malala vor den Vereinten Nationen (zum Beispiel auf YouTube) an und lass dir von Gott die Augen öffnen, wo in deinem Umfeld junge Menschen von Bildung ausgeschlossen werden. Überlegt gemeinsam, wie ihr als Gemeinde einen Beitrag leisten könnt, um diesen Menschen zu helfen.

NOBODY IS PERFECT

PAULUS GING ZUERST NACH DERBE UND VON DA AUS WEITER NACH LYSTRA. DORT TRAF ER TIMOTHEUS, EINEN JÜNGER, DESSEN MUTTER EINE JÜDISCHE GLÄUBIGE, DESSEN VATER ABER EIN GRIECHE WAR. PAULUS [WOLLTE], DASS ER IHN AUF SEINER REISE BEGLEITETE.

Apostelgeschichte 16,1.3

Paulus beschreibt seine Freundschaft zu Timotheus in seinen Briefen sehr ausführlich. In Apostelgeschichte 16 lesen wir von der ersten Begegnung zwischen den beiden. Timotheus ist noch sehr jung und stammt aus einer Mischehe. Seine Mutter ist praktizierende Jüdin und hat ihm als Kind von Gott erzählt, sein Vater aber ist Grieche. Für die damaligen Juden war es ein Problem, diesen jungen Halbjuden als Begleiter und Leiter zu akzeptieren. Als Leser stellt man sich verwundert die Frage, warum sich Paulus gerade diesen Youngster Timotheus als Wegbegleiter aussucht. Gibt es da nicht jemanden mit mehr Erfahrung? Jemand mit einer etablierten und anerkannten Herkunftsfamilie? Auf ihn wird doch sicher niemand hören – er ist nicht perfekt.

Ich kann mich noch erinnern, wie mich ein Pastor fragte, ob ich mir vorstellen könnte, eine Predigt auf einem Jugendwochenende zu halten. Vieles ging mir durch den Kopf: *Ich bin doch selber Jugendlicher. Was habe ich denn schon zu sagen? Ich kann das doch gar nicht!* Nach einer Weile der inneren Ablehnung merkte ich, dass Gott mir eine ganz neue Sicht schenkte. *Warum traut dieser Pastor mir das zu?* Dieser Gedanke fühlte sich gut an, und ich merkte, wie sehr mich das Vertrauen dieses Pastors motivierte, mein Bestes zu geben und geistlich zu wachsen.

Wenn man sich die vielen gemeinsamen Geschichten von Paulus und Timotheus anschaut, merkt man, dass Paulus sich richtig viel Zeit für Timotheus nimmt. Paulus übernimmt das Ausbildungsprinzip von Jesus, indem er in Menschen investiert. Jüngerschaft bedeutet immer, dass die Menschen gegenseitig ihr „Leben teilen" und eine echte Beziehung entsteht. Wenn ich mir unser heutiges Bildungssystem anschaue, entdecke ich nur selten, dass es um Zeit und Beziehung geht. Die Klassen werden immer größer und es bleibt immer weniger Zeit für persönlichen Kontakt zwischen Lehrer und Schüler, Dozent und Student oder Chef und Angestelltem. Ich bin aber davon überzeugt, dass wir eigentlich durch Jesu Methode am besten lernen können.

Obwohl ich überhaupt nicht sprachbegabt bin, faszinierte und prägte mich mein Englischlehrer in der Schule. Er erzählte im Unterricht häufig aus seinem Leben und vermittelte uns Werte. Darüber hinaus lud er immer mal wieder eine Gruppe von Schülern zu sich nach Hause ein und wir philosophierten über das Leben und die Gesellschaft. Das war sehr wertschätzend und inspirierte mich letztendlich dazu, Englisch sogar als Leistungskurs zu wählen. Wenn man in jemanden investiert und ihn stark macht, dann wächst er über sich hinaus.

Paulus hat seinen jungen Wegbegleiter fast in jedem seiner Briefe erwähnt und stark gemacht. Das begeistert mich an Paulus. Lies mal Philipper 2,20–23.

> **WENN MAN IN JEMANDEN INVESTIERT UND IHN STARK MACHT, DANN WÄCHST ER ÜBER SICH HINAUS.**

Diese Worte drücken so viel Liebe und Wertschätzung von Paulus gegenüber seinem jungen Wegbegleiter aus. Timotheus ist dadurch über sich selbst hinausgewachsen und hat zahlreiche Gemeinden geprägt, verändert und geleitet.

Autor: Alexander Kampmann

FRAGEN

1. HAT SICH SCHON EINMAL JEMAND FÜR DICH EINGESETZT, OBWOHL DU FEHLER GEMACHT HAST?

2. WELCHE UNTERSCHIEDE SIEHST DU ZWISCHEN DEM HEUTIGEN BILDUNGSSYSTEM UND DER AUSBILDUNGSMETHODE JESU?

3. WER IN DEINER GEMEINDE KÖNNTE DEIN PERSÖNLICHER MENTOR WERDEN, DER FÜR DICH DA IST UND DICH IM ALLTAG UNTERSTÜTZT?

Challenge des Tages

Durchforsche die Briefe von Paulus und suche sämtliche Bibelstellen heraus, in denen er Timotheus erwähnt (Computerprogramme oder Bibel-Apps können Hilfestellung geben). Schau dir genau an, was Paulus über Timotheus sagt und welche Prinzipien du heute daraus ableiten kannst.

DREH DICH UM ZU JESUS!

EINES TAGES, ALS JESUS AM UFER DES SEES GENEZARETH ENTLANGGING, SAH ER ZWEI BRÜDER, DIE IHRE NETZE AUS-WARFEN. SIMON, DER SPÄTER PETRUS GENANNT WURDE, UND ANDREAS WAREN VON BERUF FISCHER. JESUS RIEF IHNEN ZU: „KOMMT MIT UND FOLGT MIR NACH. ICH WILL EUCH ZEIGEN, WIE MAN MENSCHEN FISCHT!" SOFORT LIESSEN SIE IHRE NETZE LIEGEN UND GINGEN MIT IHM.

Matthäus 4,18–20

Wagst du manchmal Dinge, von denen du nicht weißt, was sie verspre-chen? Oder machst du jeden Tag dasselbe, weil es alle von dir erwarten? Schwimmst du mit dem Strom oder traust du dich, gegen ihn anzupaddeln?

Ich bin jahrelang mit dem Strom geschwommen und habe alles gemacht, was die Leute von mir erwartet haben, nur um dazuzugehören. Jetzt bin ich 20 Jahre alt und habe mich dazu entschieden, „umzudrehen" und mit Jesus zu gehen. Mit dieser Ent-scheidung hat das spannendste Abenteuer meines Lebens begonnen.

Ich habe viele sehr gute Freunde, die nichts oder nicht viel mit Gott am Hut haben. Kurz nach meiner Entscheidung, Jesus ganz nachzufolgen, hatte ich zuerst Angst, dass ich manche Freunde verlieren könnte. Letztendlich ist aber genau das Gegenteil eingetroffen. Sie respektieren meine Entscheidung und stehen hinter mir. Meine Freunde sind zu meiner Taufe gekommen und fanden den Gottesdienst und meine persönliche Entscheidung sehr bewegend. Ich komme mit ihnen über Gott ins Gespräch und merke immer wieder, wie Gott wirkt.

WIR SIND ALLE TEIL EINES RIESENGROSSEN PLANS, UND MIT UNS WIRD GOTT IHN IN DIE TAT UMSETZEN.

Vertraust du Gott so sehr, dass er dich benutzen darf, um mehr Leute von seiner Liebe zu überzeugen? Willst du Menschenfischer werden? Petrus und Andreas wussten im ersten Augenblick nicht, worauf sie sich eingelassen hatten. Aber wenn man sich das spätere Leben der Jünger anschaut, merkt man, wie viele Abenteuer sie mit Jesus erlebt und wie sie sich dadurch verändert haben. Träumst du nicht auch davon, solche Wunder live zu erleben? Haben wir nicht auch die Möglichkeit, ein Abenteuer mit Jesus zu starten? Na klar haben wir die! Sein Angebot gilt immer – wir müssen uns nur trauen und uns umdrehen: „Gott, nimm mein Leben und mach etwas Wunderbares, etwas Großes, etwas Geniales daraus. Mit dir ist nichts unmöglich, und du versprichst mehr, als wir uns vorstellen können. Mach mich zu einem Menschenfischer!"

Wenn du dich heute für ihn entscheidest, verspreche ich dir, dass er dein Leben reich segnen und dich beschenken wird. Er wird dich behutsam verändern und zu seinem Jünger machen. Natürlich werden auch Momente kommen, wo es dir nicht leicht fallen wird, ihm zu vertrauen. Aber alles, was du mit Gottes Hilfe angehst, wird letztendlich gut werden und dir „zum Besten dienen" (Römer 8,28, Luther).

Ich bin froh und dankbar, dass ich mich umgedreht habe und nicht an Jesus vorbeigelaufen bin. Jesus ist für mich zu einem liebevollen Lehrer und herausfordernden Ausbilder geworden. Durch ihn ist es uns möglich, Unglaubliches zu erreichen, Unglaubliches zu schaffen und Unglaubliches zu bewirken. So wie die Jünger alles stehen und liegen gelassen haben, wünscht er sich auch für uns, dass wir ihm voll vertrauen und ihm nachfolgen.

Auf diesem spannenden Weg der Nachfolge bildet er uns behutsam und liebevoll aus. Vielleicht merken wir es nicht immer. Aber er macht uns zu einem starken Werkzeug, weil er mit dir und mir sein Reich bauen will. Wir sind alle Teil eines riesengroßen Plans, und mit uns wird Gott ihn in die Tat umsetzen. Wir haben die großartige Aufgabe, ihm nachzufolgen und andere von seiner Liebe zu erzählen. Lass dich auf Gott ein und nimm ihn mit in dein Leben. Vertrau auf ihn, und du wirst merken, wie genial es ist, mit ihm zu leben und von ihm als sein Jünger ausgebildet zu werden.

Autor: Arne Janssen

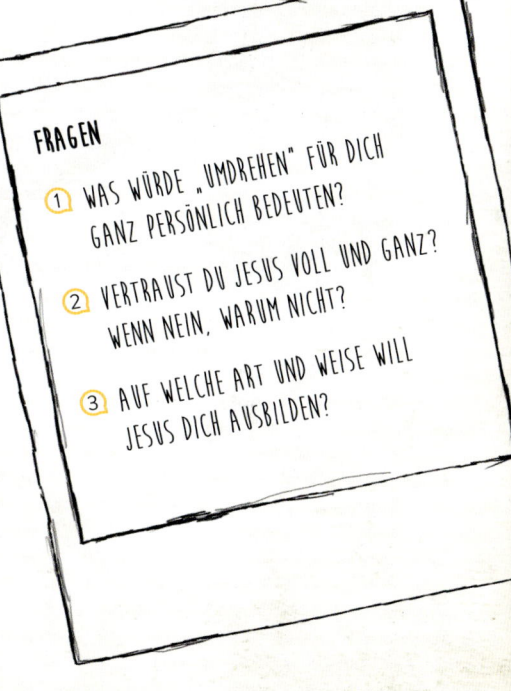

FRAGEN

1. WAS WÜRDE „UMDREHEN" FÜR DICH GANZ PERSÖNLICH BEDEUTEN?

2. VERTRAUST DU JESUS VOLL UND GANZ? WENN NEIN, WARUM NICHT?

3. AUF WELCHE ART UND WEISE WILL JESUS DICH AUSBILDEN?

Challenge des Tages

Wenn du noch zögerst, dein Leben Jesus voll und ganz anzuvertrauen, dann mach das heute doch mal „auf Probe"! Sag Gott morgens im Gebet, dass du noch Zweifel hast, aber heute ganz in seinem Sinne und nach seiner Führung durch den Tag gehen willst. Worauf blickst du abends zurück? Was hast du erlebt? Wie hat es sich angefühlt? Wirst du morgen früh das Gleiche wieder tun?

DEIN TYP IST GEFRAGT

TEILT EURE GABEN GENAUSO GROSSZÜGIG AUS, WIE IHR SIE GESCHENKT BEKOMMEN HABT!

Matthäus 10,8

The Voice of Germany – jedes Jahr eine Staffel, jedes Jahr ein Gewinner, der sich mit seinem eigenen Song zum Publikumsliebling durchgesungen hat. Kaum ist die eine Staffel zu Ende, kann man sich schon wieder online für die nächste bewerben. Das Prinzip ist immer das gleiche: Online-Bewerbung, Vorsingen, Blind Auditions, Battles, Knockouts, Live-Clashes, Halbfinale, Finale, und wer es dort schafft, gewinnt.

Bei Jesus sieht das ganz anders aus. Er sucht nicht die Besten der Besten der Besten. Er sucht nicht den Schlauesten. Den Hübschesten. Den Stärksten. Man muss sich auch nicht gegenüber anderen profilieren und sein Liebling werden, bevor er einen auswählt. Jesus hat eine andere Methode. Er setzt auf ganz normale Menschen. Als seine ersten beiden Jün-

GOTT WEISS, WAS DU KANNST, NOCH BEVOR DU ES WEISST.

ger suchte er sich die zwei Fischer Simon Petrus und Andreas aus. Sie standen nicht in einer Reihe an und warteten darauf, zum Vorsingen aufgerufen zu werden. Nein, sie waren gerade mit ihrem Fischerboot draußen und wussten noch nicht einmal, dass Jesus mit ihnen reden wollte. Und was Jesus sagte, war nicht: „Hey, ihr beiden! Ich hab' gehört, ihr seid die besten Fischer der Gegend. Da ich mir gerade mein Team zusammensuche, lade ich euch zum Casting am nächsten Montag ein." Nein, das sagte Jesus nicht. Er lud sie nicht zum Casting ein und ließ sie kein Auswahlverfahren mit schwierigen Wissensfragen durchlaufen. Was Jesus sagte, war: „Kommt mit und folgt mir nach. Ich will euch zeigen, wie man Menschen fischt!" (Matthäus 4,19)

Jesus setzt kein großes Können voraus. Jesus will keine schon perfekten Menschen. Das, was er braucht, sind Menschen, die bereit sind, ihren Weg mit ihm zu gehen und von ihm zu lernen. Und obwohl er nichts voraussetzt, weiß er doch, dass jeder Mensch besondere Gaben und Fähigkeiten hat. Fähigkeiten, die für die Gemeinde Gottes wichtig sind. Deshalb kann er seinen Jüngern auch folgenden Auftrag geben: „Geht und verkündet das Himmelreich. Macht Kranke gesund, erweckt Tote zum Leben, treibt böse Geister aus und: Setzt eure Gaben genauso großzügig ein, wie ihr sie geschenkt bekommen habt!" (nach Matthäus 10,7–8) Na, das ist doch mal eine Ansage. Jesus hat gerade seine Jünger berufen und die Bergpredigt gehalten, und schon heißt es: Los jetzt! Werdet praktisch! Krempelt eure Ärmel hoch!

Ich weiß noch ganz genau, wie ich das erste Mal eine Aufgabe in der Gemeinde übernommen habe: das Vorlesen des Missionsberichts. Mann, war ich aufgeregt. Meine Hände haben gezittert, meine Stimme hat versagt, aber ich hab' es durchgezogen. Beim nächsten Mal hat es schon besser geklappt. Denn Übung macht den Meister.

Ich bin total froh, dass wir in unserer Kirche die Atmosphäre dafür haben, uns auszuprobieren. Jeder, der anpacken will, ist herzlich willkommen – was es auch sei. Bei mir hat also alles vor ungefähr zehn Jahren mit dem Missionsbericht angefangen. Weiter ging es mit dem Querflötespielen im Gottesdienst und dem Gestalten von Kindergottesdiensten. Jetzt plane ich ganze Gottesdienste, leite Bibelgespräche, plane mit großer Freude Jugend- und Pfadistunden und vertrete im Landesausschuss die Adventjugend.

Gott weiß, was du kannst, noch bevor du es weißt. Trau dich, dein Potenzial zu testen. Zu gucken, wo dein Platz in der Gemeinde ist. Wo du helfen kannst. Fang klein an. Mit der Zeit gewinnst du an Sicherheit, kannst größere Aufgaben übernehmen und dich in neuen Bereichen ausprobieren. Und wenn du mal Fehler machst, ist das auch kein Weltuntergang. Ich wurde auch nicht gesteinigt, weil ich mit hochrotem Kopf und zittriger Stimme las. Fehler zeigen uns, wo wir uns noch verbessern können. Ich bin gespannt, wo deine Talente liegen. Aber eins ist sicher: Gott hat dir besondere Fähigkeiten gegeben, die es zu entdecken gilt. Und wenn du sie gefunden hast, setz sie ein. Denn Gott braucht deine Mitarbeit. Deine Kirche ist nur so cool wie du! Dein Typ ist gefragt!

Autorin: Sabrina Nern

FRAGEN

1. WENN GOTT ALLE TYPEN GEBRAUCHEN KANN, GIBT DAS NICHT EIN GANZ SCHÖNES DURCHEINANDER IN DER GEMEINDE?

2. WAS WÜRDEST DU JEMANDEM ANTWORTEN, DER SAGT: „JESUS NIMMT JA EH JEDEN. ICH BIN DOCH NICHTS BESONDERES."

3. WENN DU JESUS SAGEN WÜRDEST, DASS DU DICH NOCH NICHT „GUT GERÜSTET" FÜHLST FÜR GEWISSE AUFGABEN, WAS, DENKST DU, WÜRDE ER DIR ANTWORTEN?

Challenge des Tages

Danke Gott für das Potenzial, das er in dich gelegt hat. Bitte ihn, dass du es in deiner Gemeinde einsetzen kannst. Bete eine Woche dafür. Markiere das Ende dieser einen Woche dick und fett in deinem Kalender. Denn jetzt liegt es an dir: Sprich mit deinem Jugend- oder Gemeindeleiter darüber, wie du dich und deine Vorstellungen in deiner Gemeinde einbringen kannst. Mach es konkret!

AB SOFORT GESCHLOSSEN

DESHALB GIB DICH NICHT DAMIT AB, EINEN SPÖTTER ZURECHT-ZUWEISEN; ER WIRD DICH NUR DAFÜR HASSEN. BELEHRE ABER DEN WEISEN, UND ER WIRD DICH LIEBEN. LEHRE DEN WEISEN, UND ER WIRD NOCH WEISER. UNTERWEISE DEN GERECHTEN, UND ER LERNT NOCH DAZU. DIE EHRFURCHT VOR DEM HERRN IST DER ANFANG DER WEISHEIT.

Sprüche 9,8–10

„Nun haben sie uns auch noch die Schule geschlossen!" Empört steht die Bürgervertreterin eines heruntergekommenen Stadtviertels von Philadelphia vor den verketteten Toren des Schulhauses. Dem Fernsehreporter gegenüber beklagt sie die mangelnde Weitsicht der Stadtverwaltung. Mit dem Verlust einer weiteren Ausbildungsstätte schwindet doch jegliche Aussicht auf Aufschwung in der Gegend. Ich sitze gerade wohlig vor der Glotze, doch diese Empörung schwappt zu mir herüber. Ohne Ausbildung gibt's doch keinen Fortschritt, recht hat sie!

Es gibt sicherlich Menschen, die sich darüber freuen, nicht in die Schule zu müssen. Doch das ist ziemlich kurzsichtig. Denn wenn man gar nicht mehr zur Schule gehen kann, ist man arm dran. Lernen ist letztlich ein Grundprinzip des Lebens, und wo man nicht mehr lernt, herrscht Stillstand. Wie heißt es so schön: Man lernt nie aus. Das lehrte uns schon der alte Salomo. Nur der Spötter, der Ignorant, lässt sich nichts sagen und will nichts lernen. Weise Menschen aber wissen, dass man immer noch dazulernen kann. Laut Salomo besteht die Grundlage für alle Weisheit darin, Gott ernst zu nehmen und das Leben immer mehr aus seiner Sicht zu verstehen. In diesem Sinne hat man tatsächlich nie ausgelernt. Lernen ist Wachstum, und darum geht es auch im Glauben.

Jesus selber wurde zu seiner Zeit als Rabbi, also als Lehrer, respektiert, und man kann ohne Weiteres die Jünger auch als Schüler bezeichnen. Das griechische Wort für die Jünger, „mathetes", kommt aus der Welt der Bildung. Somit sind Nachfolger Jesu Menschen in Ausbildung, sprich Azubis. Wer mit Jesus durchs Leben geht, tut dies auch, um von ihm zu lernen. Dabei geht es nicht einfach nur darum, mehr zu wissen. Das eigentliche Ziel der Ausbildung in der Schule Jesu ist nicht Wissen, sondern Handeln. Auch Salomo verstand Weisheit nicht im Sinne von Expertenwissen, sondern von möglichst guter und praktischer Lebensgestaltung.

Das soll uns auch in der Gemeinde wichtig sein. Gerade weil Ausbildung einer Grundhaltung des Glaubens entspricht und Fortschritt ermöglicht. Weil dadurch Menschen befähigt werden und sich weiterentwickeln, soll die Gemeinde ein Lernort sein für alle Generationen. Das bedeutet, dass man bereit ist, voneinander zu lernen; Jung von Alt und Alt von Jung. Denn Jünger sind wir alle und damit Schüler in der Nachfolge von Jesus. Wir brauchen einander in der Lebensschule, und gerade die Weisen wissen, so sagte uns Salomo, dass man immer noch weiser werden kann. Der Fortschritt einer lebendigen Glaubensgemeinschaft lebt deshalb von der gegenseitigen Lernbereitschaft und von dem Bewusstsein, dass man nie ausgelernt hat. Wir lernen von der Erfahrung und Beständigkeit der Älteren genauso wie von neuen Sichtweisen und der Dynamik der Jüngeren: „Alt und Jung gibt Schwung – Jung und Alt gibt Halt."

> **LERNEN IST LETZTLICH EIN GRUNDPRINZIP DES LEBENS, UND WO MAN NICHT MEHR LERNT, HERRSCHT STILLSTAND.**

Ein gesundes Lernklima in der Gemeinde bedeutet auch, dass man Fragen stellen darf. Nur Besserwisser stellen keine Fragen oder geben immer nur billige Antworten. „Wie siehst du das?" „Wie machst du das?" Das sind nicht nur Fragen der Jungen an die Alten, das geht auch umgekehrt! Zu einem guten Lern- und Denkklima kannst du also selber ganz aktiv beitragen. Nimm dir die Freiheit, Fragen zu stellen. Es ist wichtig, dass wir in der Gemeinde voneinander lernen und aufeinander hören. Es wäre dumm, die Erfahrung älterer Menschen brachliegen zu lassen. In ihrem Acker versteckt sich so mancher Schatz. Aber auch als junger Mensch hast du viel zu sagen. Eine Gemeinde verkümmert, wo die Stimme der Jugend verstummt. Die Gemeinde braucht deine Sicht des Lebens und des Glaubens, deine Fragen und deine Erfahrung mit Jesus.

Übrigens, die Jünger, die Jesus in seine Schule rief, waren wirklich jünger. Aus heutiger Sicht waren es Jugendliche. Von Beginn an war christliche Gemeinde junge Gemeinde – und das muss sie auch bleiben. Dazu braucht es Jesus-Schüler wie dich.

Autor: Stephan Sigg

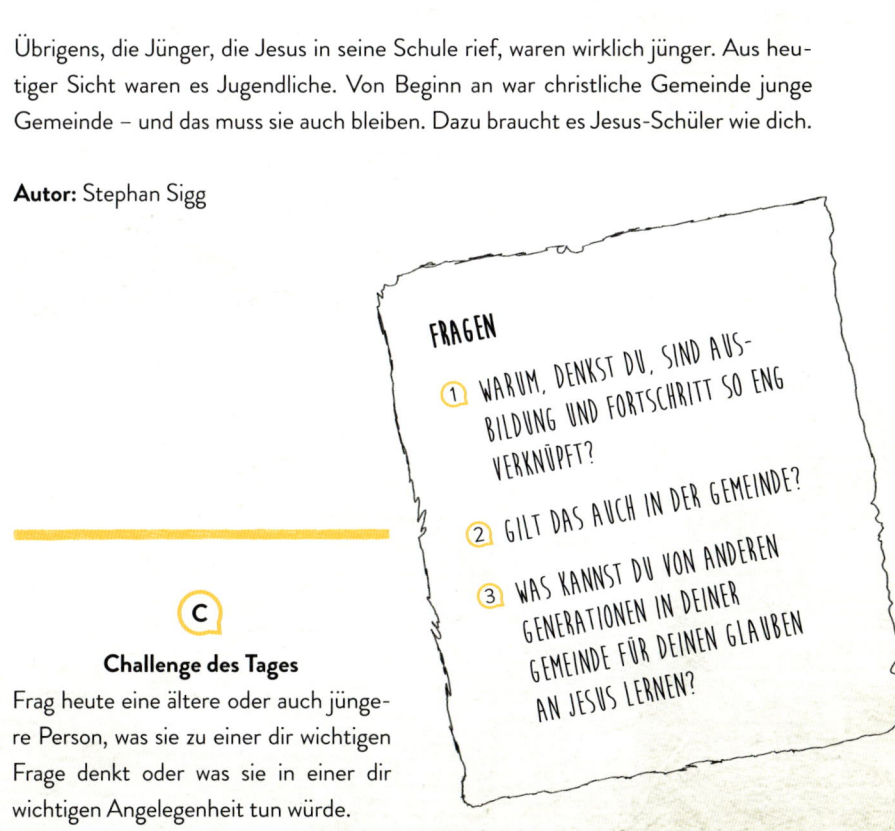

FRAGEN

1. WARUM, DENKST DU, SIND AUSBILDUNG UND FORTSCHRITT SO ENG VERKNÜPFT?

2. GILT DAS AUCH IN DER GEMEINDE?

3. WAS KANNST DU VON ANDEREN GENERATIONEN IN DEINER GEMEINDE FÜR DEINEN GLAUBEN AN JESUS LERNEN?

Challenge des Tages

Frag heute eine ältere oder auch jüngere Person, was sie zu einer dir wichtigen Frage denkt oder was sie in einer dir wichtigen Angelegenheit tun würde.

LEITEN

Lass dich ermutigen, deine Vision mit anderen zu teilen,
gemeinsame Ziele zu entwickeln und Verantwortung
zu übernehmen!

INHALT

GEH, ICH BIN BEI DIR!

NUN GEH, DENN ICH SENDE DICH ZUM PHARAO. DU SOLLST MEIN VOLK, DIE ISRAELITEN, AUS ÄGYPTEN FÜHREN.

2. Mose 3,10

Vielleicht denkst du dir jetzt: *natürlich Mose*. Ja, Mose ist vermutlich eine der ersten Personen aus der Bibel, an die man denkt, wenn es ums Thema Leiten geht. Die Geschichte vom brennenden Dornbusch und von der Berufung Moses ist nun wirklich altbekannt, aber ich finde sie immer wieder faszinierend.

WAS IST, WENN GOTT DIR DIE GABE DES LEITENS GEGEBEN HAT UND DU SIE AUS ANGST VOR DER HERAUSFORDERUNG NICHT ANNIMMST?

Gott gab Mose eine sehr klare Anweisung: „Mose, geh jetzt nach Ägypten und führ mein Volk aus der Gefangenschaft!" Ich kann sehr gut verstehen, dass das nicht Moses Traumjob war. Hatte Gott denn vollkommen vergessen, dass Mose aus Ägypten geflohen war? Er hatte einen Menschen getötet und sollte dafür sterben. Außerdem ging es ihm in Midian gut. Er hatte eine Familie und einen Job. Wieso hätte er das nach all den Jahren plötzlich aufgeben sollen? Um ein Volk aus der Sklaverei zu führen, zu dem er eigentlich gehörte, aber trotzdem keine Bindung hatte? Doch Gott wusste genau, was er tat. Gott war überzeugt, dass Mose der Richtige für diese Aufgabe war. Er war überzeugt, dass Mose die Israeliten leiten konnte. Mose konnte mit seinen Einwänden bei Gott nichts bewirken, egal welche Argumente er vorbrachte. Ob er sich für zu gering hielt, nicht glaubte, dass die Israeliten auf ihn hörten, oder an seiner Redegewandtheit zweifelte – Gott hatte immer eine Lösung parat. Schließlich blieb Mose gar nichts anderes mehr übrig, als loszugehen. Mose hatte es nicht immer leicht mit den Israeliten, und es gab Zeiten, in denen er verzweifelte. Aber er wusste, dass Gott jederzeit bei ihm war.

Leiten ist nicht immer einfach. Es ist eine große Herausforderung. Plötzlich trägt man die Verantwortung für etwas. Das kann sehr beängstigend sein. Vielleicht bist du auch gerade in der gleichen Situation wie Mose. Vielleicht wurdest du gerade gefragt, ob du in eurer Jugendgruppe die Leitung übernehmen oder auch in anderen Bereichen leiten möchtest. Vielleicht denkst du jetzt gerade so wie Mose: *Warum ich? Kann das nicht ein anderer machen?* Dir fallen bestimmt auch tausend Gründe ein, warum du nicht geeignet bist. Ich kann dich verstehen. Ich selbst hatte sehr oft und habe immer noch Probleme mit Herausforderungen. Ich neige sehr schnell dazu zu sagen: „Das kann ich nicht. Das will ich nicht." Doch mit der Zeit habe ich gelernt, und bin immer noch dabei, mit Herausforderungen souverän umzugehen.

Es bringt nichts, vor Herausforderungen davonzulaufen. Vielleicht hast du recht, und Leiten gehört nicht zu deinen Stärken. Doch was ist, wenn du dich irrst? Was ist, wenn Gott dir die Gabe des Leitens gegeben hat und du sie aus Angst vor der Herausforderung nicht annimmst? Wenn du leitest und Verantwortung übernimmst, darfst du sicher sein, dass Gott bei dir ist. Du musst es nicht alleine schaffen, Gott hilft dir. Die Bibel ist voller Versprechen Gottes, dass er bei uns ist. Als Gott Josua, Moses Nachfolger, zum neuen Führer von Israel berief, gab er ihm das Versprechen: „Sei stark und mutig! Hab keine Angst und verzweifle nicht. Denn ich, der Herr, dein Gott, bin bei dir, wohin du auch gehst." (Josua 1,9) Diese Zusage gilt auch uns. Gott ist bei uns. Wenn wir leiten, müssen wir das nicht alleine tun. Du musst nicht perfekt leiten können. Du darfst auch Fehler machen. Wenn du die Herausforderung zu leiten angehst, wirst du spüren, wie Gott in deinem Leben und durch dich wirken kann.

Autorin: Luise Stierl

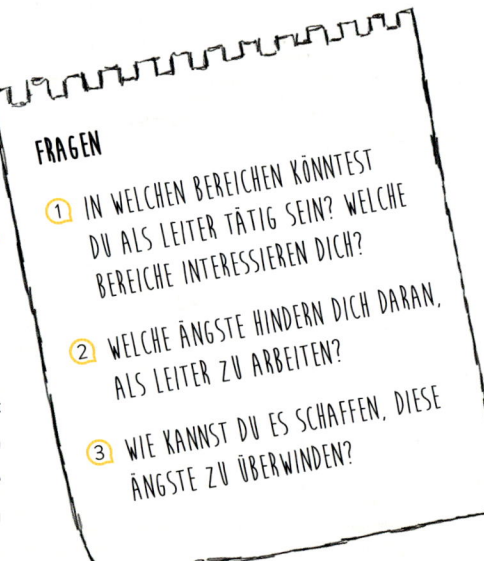

FRAGEN

① IN WELCHEN BEREICHEN KÖNNTEST DU ALS LEITER TÄTIG SEIN? WELCHE BEREICHE INTERESSIEREN DICH?

② WELCHE ÄNGSTE HINDERN DICH DARAN, ALS LEITER ZU ARBEITEN?

③ WIE KANNST DU ES SCHAFFEN, DIESE ÄNGSTE ZU ÜBERWINDEN?

Challenge des Tages

Gott will dir Mut machen und dich mit allem ausrüsten, was du zum Leiten brauchst. Frag ihn, wo er dich und deine Gaben gerne einsetzen würde. Stell dich heute der Herausforderung und übernimm Verantwortung, setz dich ein und zeig Initiative!

DIE DRITTE MÖGLICHKEIT

In felsigem Gelände erspähte ein großer, hungriger Puma einen kleinen, spielenden Bären. Blitzschnell sprang er auf seine Beute zu. Der Bär witterte die Raubkatze und rannte um sein Leben. Schließlich endete der Fluchtweg auf einem alten Baumstamm, der über einen tosenden Fluss ragte. Darauf schlich die Raubkatze dem Opfer angriffslustig entgegen. Mit einem Krachen brach die Spitze des Stamms ab, und der Kleine fiel in den reißenden Strom. Er kletterte auf das abgebrochene Baumstück und entdeckte, wie ihn der Puma am Flussufer entlang verfolgte. Die Katze sprang auf Felsen, die aus dem Wasser ragten. Hier musste der Baumstamm samt Fracht vorbei. Die Pranken der gewaltigen Katze schnellten auf den Bären zu, der sich vor Angst ins Wasser stürzte. Nun schwamm er ohne Hilfsmittel im reißenden Fluss. Erneut verfolgte ihn sein Gegner vom Flussufer aus. In Angriffsstellung hockend wartete er auf sein Opfer an einer Stelle, wo das Wasser flach wurde. Er schlug auf den Kleinen

EIN EINZELNER KANN LEICHT VON HINTEN ANGEGRIFFEN UND NIEDERGESCHLAGEN WERDEN; ZWEI, DIE ZUSAMMENHALTEN, WEHREN DEN ÜBERFALL AB. UND: EIN DREIFACHES SEIL KANN MAN KAUM ZERREISSEN.

Prediger 4,12

ein, der aus Leibeskräften brüllte und mit seinen Tatzen in Richtung Puma wirbelte. Schon blutete der Bär an der Schnauze. Beide Tiere kämpften fauchend miteinander. Das Geschrei wurde ohrenbetäubend laut und übertönte fast das Rauschen des Flusses, als der Jäger plötzlich von seiner Beute zurücksprang. In den Lärm hatte sich das fürchterliche Gebrüll eines riesigen Bären gemischt, der sich hinter dem kleinen aufgerichtet hatte. Die Raubkatze flüchtete. Der gewaltige Retter schleckte dem kleinen Bären über die wunde Schnauze. Schließlich trotteten die beiden Seite an Seite davon.

Im Gegensatz zu dieser Geschichte erzählt der obige Bibeltext von keinem Tier, sondern von einem einzelnen Menschen, der leicht von hinten angegriffen und überwältigt werden kann. Jedoch, führt der biblische Schreiber aus, ist es möglich, den Angreifer abzuwehren, wenn zwei Menschen bei einem Überfall zusammenhalten. Der Bibeltext geht noch einen Schritt weiter und macht auf eine geheimnisvolle dritte Möglichkeit aufmerksam: „Ein dreifaches Seil kann man kaum zerreißen." Was heißt das? Alleinsein ist nicht gut genug. Zu zweit zu sein ist besser, weil man sich gegenseitig helfen kann. Aber richtig genial wird's, wenn man zu dritt ist, so wie ein aus drei einzelnen Strängen geflochtenes Seil auch sehr starkem Druck gewachsen ist. Wer oder was verbirgt sich hinter dem Prinzip der dritten Möglichkeit? Viele Ausleger sehen hier einen Hinweis auf Gott, der menschliches Zusammenhalten auf geheimnisvolle Weise stärkt und veredelt.

Immer wenn es um Leitung und insbesondere geistliche Leiterschaft geht, gilt dieses Prinzip. Gott ist ein Gott, der sich Teamwork wünscht und es segnet. Leiterschaft ohne Teamwork endet sehr oft in Mittelmäßigkeit. Leiterschaft mit Teamwork hat das Potenzial, große Dinge zu erreichen. Steve Jobs, der Gründer von Apple, sagte: „Große Dinge im Geschäftsleben werden nie von einer Person allein getan. Sie werden von einem Team geleistet." Dies gilt, nach Aussage der Bibel, auch für das Leben mit Gott. Wir erreichen die größten Ziele, wenn wir gemeinsam mit Gott arbeiten.

> **LEITERSCHAFT OHNE TEAMWORK ENDET SEHR OFT IN MITTELMÄßIGKEIT.**

Lass Jesus durch den heutigen Bibeltext zu dir sprechen. Du bist nicht allein. Er will dich in seinem Team haben. Er nimmt dich in den Arm und geht mit dir durchs Leben. Für ihn gibt es keine ausweglose Situation. Gemeinsam mit ihm ist alles möglich. Dies gilt für dein persönliches Leben wie auch für deinen Einsatz als (geistlicher) Leiter.

Neben Jesus hast du (hoffentlich) auch Freunde und eine Gemeinde an deiner Seite. Gemeinsam mit ihnen kannst du Großes bewegen. Wobei das Große in erster Linie das Naheliegende ist, also Orte, an denen du dich selbst aktiv einbringen und direkt helfen kannst: in deiner Familie, deinem Freundeskreis, deiner Gemeinde, deiner Nachbarschaft, der Schule, der Uni, an deinem Arbeitsplatz – einfach in deiner Umgebung. Ich wünsche dir, dass du im Vertrauen auf Jesus den Mut hast, deine Welt durch Teamwork zu verändern, denn nur **Teamwork makes the dream work!**

Autor: Marcel Wieland

Challenge des Tages

Teamwork begegnet dir überall. Beobachte heute und in der kommenden Woche besonders aufmerksam, wie das Teamwork an diesen vielen Orten, wie in deiner Familie, in der Schule oder in der Gemeinde, funktioniert. Reißt einer alles an sich? Drücken sich die anderen? Werden Schwierigkeiten zerredet oder packen alle gemeinsam konstruktiv an? Trau dich, deine Beobachtungen anzusprechen und zu einem besseren Teamwork beizutragen!

FRAGEN

1. WAS DENKST DU ÜBER STEVE JOBS' ZITAT? WERDEN IM GESCHÄFTSLEBEN NICHT EHER DIEJENIGEN BELOHNT, DIE SICH MIT ELLENBOGEN GEGENÜBER ANDEREN DURCHGESETZT HABEN?

2. WELCHE EINSCHRÄNKUNGEN GIBT ES DEINER MEINUNG NACH BEIM TEAMWORK – IST DIE GEMEINSCHAFTLICHE ARBEIT MANCHMAL AUCH FEHL AM PLATZ (NICHT NUR IN KLASSENARBEITEN ...)?

3. WAS SAGT ES DIR ÜBER TEAMWORK, DASS SELBST JESUS KEIN EINZELKÄMPFER WAR, SONDERN SICH ZWÖLF MITSTREITER AUF DER ERDE GESUCHT HAT?

STAY AND WAIT

DOCH WENN DER GEIST DER WAHRHEIT KOMMT, WIRD ER EUCH IN ALLE WAHRHEIT LEITEN.

Johannes 16,13

Kennst du das Lied „Stay And Wait" von Hillsong? Wenn nicht, dann musst du es dir jetzt unbedingt anhören, weil ich gleich darauf eingehe und du sonst ein unglaublich tolles Lied verpassen würdest …

Hast du schon einmal geleitet? Vielleicht hast du eine kleine Schwester oder einen kleinen Bruder und hast sie oder ihn angeleitet, richtig Fahrrad zu fahren. Oder vielleicht hast du einem guten Freund geholfen, wieder auf die richtige Spur zu kommen. Vielleicht hast du auch schon einmal ein Bibelgespräch im Gottesdienst geleitet, eine Jugendstunde oder sogar einen ganzen Gottesdienst. Es gibt so viele Situationen, in denen man die Verantwortung übernimmt. Wenn du schon einmal in irgendeiner Form geleitet hast, hast du bestimmt viel Positives erlebt. Aber vielleicht hast du auch Momente erlebt, in denen du nicht gewusst hast, wie du „richtig" führen sollst. Vielleicht hast du die Richtung selbst nicht gekannt, in die es gehen sollte. Dann bist du dagestanden und hast dich gefragt: *und jetzt?!*

Dazu kann ich dir ein Beispiel aus meinem Leben erzählen. Vor „1year4jesus" war ich in meiner Heimatgemeinde die Jugendleiterin, dementsprechend war ich in einer nicht unwichtigen „Leiterposition". Das war voll mein Ding und es hat mir total viel Spaß gemacht, die Jugendlichen zusammenzuhalten und zu sehen, wie sie immer weiter zusammenwachsen und zu Gott finden. Es gab aber einen Moment, in dem ich total hilflos dastand und dachte: *und jetzt?!* Das war bei den Vorbereitungen für unseren eli-

> **DEIN GOTT WIRD DICH NICHT ALLEINE STEHEN LASSEN. ER WIRD KOMMEN UND DIR INSPIRATION, KREATIVITÄT UND NEUE IDEEN SCHENKEN.**

Xier-Gottesdienst, einen großen Jugendgottesdienst in Niedersachsen. So viele Entscheidungen mussten getroffen werden, die ganze Organisation hing zum größten Teil an mir. Fragen wie „Was wollen wir den Jugendlichen vermitteln?", „Was ist unsere Botschaft?", aber auch viele, viele organisatorische Fragen beschäftigten mich. Und in dem einen Moment war ich so unmotiviert und dachte, dass das alles nichts wird und dass ich das nicht schaffe. Dieser ganze Druck zehrte an meinen Kräften. Und dann kam mir der Gedanke: *Hey, Renate, beruhig dich mal und denk daran, dass du nicht alleine bist.* Durch all die Sorgen und Gedanken hatte ich ganz vergessen, dass ich das alles nicht alleine schaffen muss, sondern dass Gott bei mir ist und nur darauf wartet, mir all das Negative abnehmen zu können. Als ich mir das bewusst machte, durfte ich erleben, wie ich neue Ideen hatte und alles plötzlich viel leichter lief. Wenn du also merkst, dass du in genau so einer Situation steckst und einfach nicht weiterweißt, möchte ich dich dazu ermutigen, erst einmal stehen zu bleiben und zu warten – stay and wait!

„I will stay should the world by me fold / Lift up Your name as the darkness falls / I will wait and hold fast to Your word / Heart on Your heart and my eyes on You." So heißt es im Refrain von „Stay And Wait".

Dein Gott wird dich nicht alleine stehen lassen. Er wird kommen und dir Inspiration, Kreativität und neue Ideen schenken. Denn das ist doch die Verheißung, die du in

Johannes 16,13 findest: „Doch wenn der Geist der Wahrheit kommt, wird er euch in alle Wahrheit leiten." Gott wird dich durch seinen Heiligen Geist führen. Das Tolle daran ist, dass du dadurch gestärkt wirst, ebenfalls zu leiten – egal was. Stell es dir so vor, du bist leer, wirst gefüllt, und weil du nun wieder voll bist, kannst du abgeben und andere füllen. Ich möchte dich dazu ermutigen zu leiten, auch dann, wenn es vielleicht schwieriger ist als gedacht, auch dann, wenn du scheinbar vor unüberwindbaren Mauern stehst und nicht ein noch aus weißt. Gott braucht **dich** in dieser Welt und er wird dich durch seinen „Geist der Wahrheit" führen. Wenn du dann mal nicht weiterweißt – stay and wait, Gott wird kommen!

Autorin: Renate Vass

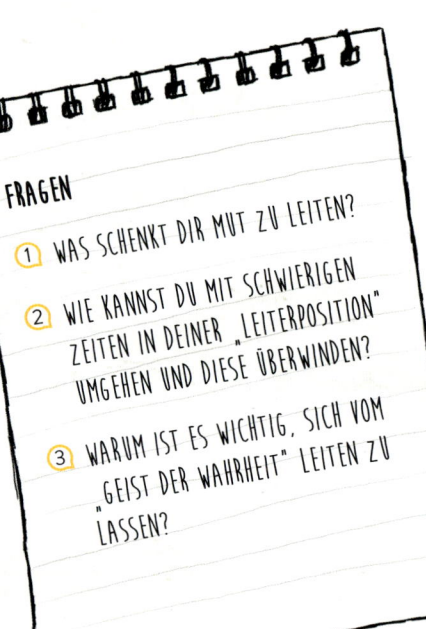

FRAGEN

1 WAS SCHENKT DIR MUT ZU LEITEN?

2 WIE KANNST DU MIT SCHWIERIGEN ZEITEN IN DEINER „LEITERPOSITION" UMGEHEN UND DIESE ÜBERWINDEN?

3 WARUM IST ES WICHTIG, SICH VOM „GEIST DER WAHRHEIT" LEITEN ZU LASSEN?

Challenge des Tages

Lass dich heute ganz bewusst auf Gott als deinen Leiter ein. Wenn du merkst, dass du gerade in irgendeiner Form am Leiten bist, dann bitte um den Heiligen Geist, der dich führen will, und lass dich von Gott herausfordern. Er stellt dir die Aufgabe und gibt dir gleichzeitig alles, was du brauchst, um sie zu erfüllen!

JESUS UND DER JUNGE OCHSE

Als ich und mein damals bester Freund aufs Gymnasium kamen, waren die Größenverhältnisse ganz neu für uns, da wir vorher in eine kleine Dorfschule gegangen waren. Die neue Schule in einer richtigen Stadt war ein kleiner Schock für uns. Allein die Treppenhäuser, die uns unvorstellbar groß erschienen, waren für uns kleine Jungs eine wahre Herausforderung. Also überlegten wir uns, wie man die vier Stockwerke möglichst schnell bezwingen konnte, ohne so viele lästige Stufen laufen zu müssen. Dann kam uns folgende Idee:

KOMMT ALLE ZU MIR; ICH WILL EUCH DIE LAST ABNEHMEN! ICH QUÄLE EUCH NICHT UND SEHE AUF NIEMAND HERAB. STELLT EUCH UNTER MEINE LEITUNG UND LERNT BEI MIR; DANN FINDET EUER LEBEN ERFÜLLUNG. WAS ICH ANORDNE, IST GUT FÜR EUCH, UND WAS ICH EUCH ZU TRAGEN GEBE, IST KEINE LAST.

Matthäus 11,28–30 (Gute Nachricht Bibel)

Wir würden uns einfach über das Geländer lehnen, auf den Bauch legen und Stockwerk für Stockwerk hinunterrutschen. Ohne jegliche Angst davor, es könne etwas passieren, rutschten wir also vom vierten Stock abwärts. Dabei waren wir der Meinung, wir hätten tatsächlich eine Entdeckung gemacht, die uns die Schulzeit erleichtern würde. Dann, eines Tages, passierte das unvorstellbar Schreckliche: Mein Freund stürzte vom dritten Stock kopfüber ins Erdgeschoss und starb einen Tag später im Krankenhaus an starken Hirnblutungen. Nach diesem grausamen Ereignis plagten mich viele Fragen. Zum einen: Warum ist es ihm passiert, doch ich bin verschont geblieben? Zum anderen: Hätte ich diesen Tod verhindern können? Und meine Antwort war: Ja, ich hätte diesen Tod verhindern können.

> **DURCH EIN JOCH WIRD DEM JUNGEN OCHSEN EINE RICHTUNG GEGEBEN, UND GLEICHZEITIG WIRD DIE LAST AUF ZWEI TIERE VERTEILT, SODASS DER EINZELNE OCHSE ES LEICHTER HAT.**

Da ich in einer christlichen Familie aufgewachsen bin, kannte ich die biblische Einstellung zum Leben und zum Tod und zur Hoffnung, dass es nach dem Tod weitergeht. Dennoch plagten mich Schuldgefühle und ich klagte mich immer wieder selbst mit dem Gedanken an, ich hätte es verhindern können. Diese Last trug ich sieben Jahre mit mir herum, bis ich eines Tages auf dem Friedhof die Eltern meines Freundes traf. Ich nahm meinen ganzen Mut zusammen und sprach zum ersten Mal mit ihnen über den Unfall und meine Schuldgefühle. Beide fingen an zu weinen. Sie umarmten mich. Ich kann mich nicht mehr genau an die Worte erinnern, aber plötzlich fiel die Last der ganzen vergangenen Jahre von mir ab.

Jesus sagt zu uns: „Kommt alle zu mir; ich will euch die Last abnehmen!", damit wir frei leben können. Das heißt, er will uns sein Joch auflegen, wie Luther es formulierte. Das klingt zwar im ersten Moment nach noch mehr Last, stellt sich jedoch als etwas ganz anderes heraus. Das Joch wurde früher bei Zugtieren genutzt. Der junge Ochse bekam das Joch des eingearbeiteten Ochsen aufgelegt. Dadurch wurde dem jungen

Ochsen eine Richtung gegeben, und gleichzeitig wurde die Last auf zwei Tiere verteilt, sodass es der einzelne Ochse leichter hatte. Bildlich gesehen war ich damals der junge Ochse, und Jesus bot mir an, die Last zu teilen, um mir aus der schweren Situation herauszuhelfen. Jesus gab mir Richtung und Hoffnung in meinem Leben. Und ich klammerte mich an die Erkenntnis, dass das Leben auf dieser Welt nicht alles ist, sondern dass Gott für uns eine viel bessere Welt ohne Leid vorbereitet hat.

Ich weiß nicht, mit welchen Problemen und Sorgen du aktuell zu kämpfen hast. Aber egal, ob du deine Probleme als groß oder klein betrachtest, eins ist sicher: Jesus hat dir angeboten, ihm alle Lasten zu geben, damit du frei von ihnen wirst. Wenn du also Lasten hast, die dich bedrücken, verlass dich auf Jesus, der dich entlasten möchte, dir Orientierung geben und dich in deinem Leben leiten wird. Es gibt nur eins, das du tun musst: Lauf ihm als „junger Ochse" einfach hinterher!

Autor: Samuel Rebandt

FRAGEN

① WELCHE SITUATIONEN HAST DU ERLEBT, IN DENEN DU MIT EINER SCHWEREN LAST BELADEN WARST?

② WODURCH KONNTEST DU SIE LOSWERDEN? WAS HAT DICH ENTLASTET?

③ WAS DENKST DU ÜBER DIE AUSSAGE VON JESUS, DASS ER UNS ZWAR SEIN JOCH AUFLEGEN MÖCHTE, ABER UNS GLEICHZEITIG BEFREIT?

Challenge des Tages

Was auch immer dich belastet, sei dir sicher, dass es nicht zu groß für Gott ist. Bete heute gezielt für eine Last in deinem Leben. Wenn diese Last mit einer Person zusammenhängt, magst du vielleicht auch mit ihr darüber sprechen. Jesus will dir das Wunder der Entlastung durch ihn schenken!

WAS UNS BROTE UND FISCHE ÜBERS LEITEN LEHREN

DABEI SOLLT IHR DIE MENSCHEN, DIE EURER LEITUNG UNTERSTELLT SIND, NICHT BEVORMUNDEN, SONDERN SIE DURCH EUER GUTES BEISPIEL LEITEN.

1. Petrus 5,3

Kennst du das? Workgroups in der Schule. Der Lehrer wird auf einmal kreativ. Er teilt die Klasse in kleine Gruppen auf, die Themen ausarbeiten und am Ende der Stunde gemeinsam präsentieren sollen. Für den Lehrer eine super Sache, weil sich sein Arbeitsaufwand drastisch verringert und er nichts weiter tun muss, als den einzelnen Gruppen ab und zu über die Schulter zu schauen. Darf ich ehrlich sein? Ich finde das grauenvoll. Da sitzt ein Haufen lustloser Schüler zusammen, chillt und versucht, zum Schluss etwas zu improvisieren. Meistens zieht sich jeder aus der Verantwortung und man schaut schlussendlich dich an, weil es ja irgendwer retten muss …

Wie würdest du reagieren in solchen Momenten, in denen man dir die Verantwortung und Leitung zuschieben will? Ich war schon öfter in solchen Situationen und fragte mich jedes Mal, wie ich am besten reagiere. Sollte ich um meine Note bangen und die Arbeit der anderen mitübernehmen? Damit mache ich es ihnen aber ganz schön bequem. Oder sollte ich mich wie der Rest passiv verhalten, sodass alle eine verdient schlechte Note bekommen? Dann wäre ich mit meiner Leistung auch nicht zufrieden.

Um eine Antwort zu finden, guckte ich mir an, was Jesus zu dem Thema zu sagen hat. Das Markusevangelium berichtet von der Begebenheit, als die zwei Jünger Jakobus und Johannes Jesus bitten, eines Tages in seinem neuen Reich rechts und links neben ihm sitzen zu dürfen. Sie beanspruchen also die Ehrenplätze für sich. Jesus antwortet darauf, dass diese Plätze denjenigen vorbehalten sind, die im neuen Reich eine besondere Verantwortung und etwas zu sagen haben. Dann gibt er zu bedenken: „Die als Herrscher gelten, halten ihre Völker nieder, und ihre Mächtigen tun ihnen Gewalt an." (Markus 10,42, Luther) Leiten hat etwas mit Macht zu tun. Und die kann man enorm missbrauchen. Was Jesus im Umgang mit der Macht, die ein Leiter besitzt, empfiehlt? „Wer euch anführen will, der soll euch dienen, wer unter euch der Erste sein will, soll der Sklave aller sein." (V. 43–44) Das ist eine schlagfertige Antwort auf die Bitte der zwei Jünger. Und sie ist ein wesentlicher Aspekt unseres christlichen Glaubens. Aber was sagt mir das jetzt in Bezug auf meine Situation im Klassenzimmer? Würde Jesus mich heute lehren: „Lasse dich ausnutzen und mache dich zum Knecht deiner Workgroup." Das will ich nun wirklich nicht glauben! Also forschte ich weiter.

Ich stieß auf den Bericht der Speisung der Fünftausend. Nach einem Tag voller Krankenheilungen sind alle hungrig. Die Jünger machen den Vorschlag, Jesus solle die Leitung in die Hand nehmen und die Leute wegschicken, damit sie sich etwas zu essen kaufen. Und was macht er? Er sagt nur: „Das ist nicht nötig – gebt ihr ihnen zu essen." (Matthäus 14,16) Ist das nicht hämisch? Die Jünger haben nur fünf Brote und zwei Fische, und es klingt nicht nach einem konstruktiven Vorschlag, damit an die riesige Menschenmenge zu gehen. Aber Jesus weiß natürlich, was er tut. Er will die Jünger nicht bloßstellen. Er will, dass sie etwas lernen. Er löst das Problem nicht einfach alleine, sondern gibt ihnen einen klaren Auftrag. Was darauf folgt, ist ein Wunder.

> **MEISTENS ZIEHT SICH JEDER AUS DER VERANTWORTUNG UND MAN SCHAUT SCHLUSSENDLICH DICH AN, WEIL ES JA IRGENDWER RETTEN MUSS ...**

Diese Episode liefert mir Antworten auf meine Fragen. Ich lese daraus: Als Leiter muss man nicht alles selbst machen. Nicht mal unser Gott führt alles immer selber aus. Er gibt Ideen, liefert Ansätze, bietet Anstöße. Jesus nutzt sein Team und macht es stark. Für mich heißt das heute: Ich muss als Leiter nicht alle Ideen selber entwickeln, nicht den Löwenanteil der Arbeit alleine schultern oder einen Plan am Ende solo ausführen. Mein Job als Leiter ist es nicht, vorneweg zu marschieren, sondern Brücken zu bauen und die Fähigkeiten des Teams zusammenzuführen. Alle zu motivieren und ihre Gaben als ein Puzzlestück eines großen Bildes zu erkennen. Mit diesem Verständnis fällt eine riesige Last von mir ab und ich kann den Posten eines Leiters als eine unglaublich kreative, erfrischende Aufgabe sehen.

In diesem Sinne fiebere ich der nächsten Workgroup schon fast ein bisschen entgegen. Weil ich ausprobieren will, wie sich dieses Verständnis von Leitung anfühlt. Und weil ich mir außerdem ganz bewusst sagen will, dass ich als Leiter niemals alleine auf weiter Flur stehe – sondern in meinem Rücken ein Team und darüber hinaus den stärksten Leiter aller Zeiten weiß!

Autor: Tarek Hüneke

Challenge des Tages
Nutz die nächste Gelegenheit, ein Team zu leiten, die sich dir bietet. Fang in einem kleinen Rahmen an, so wie ich in meiner Workgroup – das dauert nur eine Dreiviertelstunde! Fass Jesus fest an die Hand und sei dir sicher und bewusst, dass du nicht alles alleine stemmen musst und sollst.

FRAGEN

1 WELCHE SITUATIONEN FALLEN DIR EIN, IN DENEN DU UNFREIWILLIG LEITEN SOLLTEST?

2 WIE HAST DU DICH VERHALTEN?

3 WAS DENKST DU: HAT DEN JÜNGERN DER LEITUNGSSTIL VON JESUS IMMER GEFALLEN?

BEGEGNUNG AUF AUGENHÖHE

„SAG DOCH NICHT, DASS DU ZU JUNG BIST", ANTWORTETE DER HERR. „DU SOLLST HINGEHEN, WOHIN ICH DICH SENDE, UND SAGEN, WAS AUCH IMMER ICH DIR AUFTRAGEN WERDE."

Jeremia 1,7

Die Situation wiederholte sich fast jeden Sonntagmorgen. Mit ein paar Freunden aus der Jugendgruppe unserer Gemeinde spielten wir Fußball auf dem Gelände der Sporthochschule Köln. Die beiden Teams setzten sich aus unterschiedlichen Leuten zusammen, die Lust auf Fußball hatten und da waren. Man kannte sich. Dann kamen die Jungs vom „Bushido", einem Bundesliga-Judoklub. Jede Gewichtsklasse und jedes Temperament war vertreten. Das Spiel lief, und mit dem Tempo stieg der Einsatz, was wiederum Rempeleien, wilde Gesten und stattliche Flüche zur Folge hatte. Wenn es grenzwertig wurde, was eigentlich immer der Fall war, griff Wolfgang Hofmann ein. Hofmann trabte langsam übers Spielfeld. Er sah überhaupt keine Veranlassung, sich zu beeilen. Seine langsamen Schritte hatten fast etwas Provozierendes. Seine ganze Haltung strahlte eine unangestrengte Souveränität aus. Jeder von uns blieb dort stehen, wo er sich gerade auf dem Platz befand. Wir wurden dazu nicht extra aufgefordert, denn wir wussten: Hofmann regelt das schon. Er brauchte kein Gebrüll und schon gar keine Handgreiflichkeiten, um die Situation zu entschärfen. Er sprach leise und ruhig, wandte sich mit einem verschmitzten Lächeln ab und das Spiel ging weiter. Hofmann war kein Superschwergewicht, vor dem man erstarren musste. Auch sein Fußballtalent hielt sich in Grenzen. Aber Hofmann war der erste Deutsche überhaupt, der bei den Olympischen Spielen eine Medaille im Judo gewonnen hatte. Mehrere internationale Titel und eine erfolgreiche Karriere als Trainer folgten. Bei uns auf dem Rasen war er der unumstrittene Chef, fand immer freundliche Worte und mahnte zur Besonnenheit – und das mit einer bewundernswerten Lässigkeit. Er war nicht unantastbar und wenn er im Zweikampf zu Boden ging, brauchte sich sein Gegenspieler nicht zu fürchten. Mit Humor und Gelassenheit bügelte er das weg und begegnete jedem auf Augenhöhe.

Ein Bild für das Leben und Handeln in der Gemeinde? Die Vorstellung, eine erhabene und überaus coole Leitungsperson in der Gemeinde zu haben, hat etwas Anziehendes. Ihre Souveränität erzeugt Respekt, Probleme werden schnell gelöst oder kommen gar nicht erst auf den Tisch. Aber eine Gemeinde darf nicht dominiert werden, sie lebt und entfaltet sich erst durch die Beteiligung aller. Die verantwortlichen Personen, Prediger und Gemeindeleiter, machen ihre Gemeinde stark, indem sie einen Blick für Menschen haben, wie deren Gaben und Fähigkeiten kreativ eingesetzt werden können. Das erfordert Mut und Zähigkeit, weil Wünsche nicht im Zeitraffer erfüllt werden.

GEMEINDE DARF NICHT DOMINIERT WERDEN, SIE LEBT UND ENTFALTET SICH ERST DURCH DIE BETEILIGUNG ALLER.

Zur Zeit der Urgemeinde hatte Paulus mit Barnabas einen beinharten Konflikt, weil Paulus sich nicht noch einmal auf Johannes Markus, einen relativ jungen Mitarbeiter, einlassen wollte. (Apostelgeschichte 15,36–41) Zu groß war der mit ihm erlebte Frust. Barnabas ließ nicht locker und nahm Johannes unter seine Fittiche – Alt und Jung zusammen. Barnabas glaubte an Johannes. Ich kann mir vorstellen, dass beide sich gegenseitig etwas beigebracht haben, genauso wie ich als Jugendlicher in meiner Heimatgemeinde von Älteren profitiert habe.

Wahrscheinlich haben sie auch von mir und anderen Jugendlichen gelernt, einfach weil wir einen anderen Blick und einen ganz anderen Zugang zu bestimmten Themen hatten. Sie fanden es toll, wenn wir uns mit jugendlicher Unbekümmertheit in ganz verschiedene Bereiche des Gemeindelebens einbrachten. So wurde die Gemeinde zu einem Experimentierfeld und alle staunten, welche Kreativität Gott durch seinen Geist entfaltet. „Sag doch nicht, dass du zu jung bist!", mahnte Gott Jeremia, als dieser sich wegen seines Alters noch nicht in der Lage sah, Verantwortung zu übernehmen. Und Josua führte die Israeliten in das Gelobte Land, weil er bei Mose in der Lehre war. Die Botschaft ist: Wir leben nur gemeinsam, denn die Zukunft wird von denen gestaltet, die jetzt jung sind. Die Wahrheit dahinter ist: Durch das Wirken Gottes findet eine echte und tiefe Begegnung von Alt und Jung statt.

Autor: Johannes Naether

Challenge des Tages

Überleg, was für ein wichtiges Thema oder Projekt du mit deiner Jugendgruppe beim Leitungsgremium deiner Gemeinde vorstellen kannst, um es als ein Thema oder Projekt der **ganzen** Gemeinde konkret umzusetzen!

FRAGEN

1. WELCHE EIGENSCHAFTEN HAST DU, DIE DU FÜR ANDERE UNTERSTÜTZEND UND MOTIVIEREND EINBRINGEN KANNST?

2. WESHALB IST ES WICHTIG, DASS JEDER, EGAL WIE ALT ER IST UND WIE VIEL ERFAHRUNG ER HAT, SICH ENGAGIERT UND DAS ZUSAMMENLEBEN MITGESTALTET?

3. AUCH WENN ES SICH KURZFRISTIG SEHR BEQUEM ANFÜHLEN KANN, EINEN LEITER ALLES BESTIMMEN ZU LASSEN, WAS WÜRDE AUF LANGE SICHT PASSIEREN?

T

WELCHE ÜBERSETZUNG IST AM BESTEN?

Das hängt ganz davon ab, was du vorhast. Jeder Bibelübersetzer muss sich entscheiden, ob er den Grundtext möglichst wörtlich wiedergeben will oder ob seine Übersetzung für den heutigen Leser leicht verständlich sein soll. Die Bibel ist ein sehr altes Buch. Das Alte Testament wurde in Hebräisch und Aramäisch zwischen 1500 und 500 v. Chr. geschrieben, das Neue Testament in Griechisch zwischen 50 und 100 n. Chr. Als Vergleich: Tutanchamun, der Pharao mit der berühmten goldenen Totenmaske, hat um 1300 v. Chr. gelebt. Die Bibel ist eigentlich eine Antiquität. Nur weil sie Gottes inspiriertes Wort ist und die Kraft hat, Leben zu verändern, steht sie in deinem Regal statt im Museum.

Das ändert aber nichts daran, dass die Menschen, die Gott als Schreiber ausgewählt hat, in einer völlig anderen Welt und komplett anders gelebt haben als wir. Man kann ihre Texte nicht eins zu eins ins Deutsche übersetzen, weil unsere Worte nicht das Gleiche meinen wie ihre. Nimm zum Beispiel das Wort Erde. Für uns ist das ein Planet, der um die Sonne kreist. Wir sehen sofort den Globus vor unserem inneren Auge oder Aufnahmen aus dem Weltall. Aber was hat Erde für David bedeutet? Was hatte er vor Augen, als er in Psalm 24,1 das Wort „ha-aretz" schrieb? Sicherlich ist unser Wort Erde nicht falsch, aber es ist auch nicht genau dasselbe.

Je weiter man sich dem Grundtext annähert, desto holpriger wird es im Deutschen. Die Übersetzung von Buber und Rosenzweig ist besonders radikal. 1. Mose 1,3 klingt dort so: „Gott sprach: Licht werde! Licht ward. Gott sah das Licht: dass es gut ist. ... Gott rief dem Licht: Tag! und der Finsternis rief er: Nacht! Abend ward und Morgen ward: Ein Tag." Das klingt komisch. So schreibt heute niemand mehr. Aber der Text ist ja auch alt. Moderne Übersetzungen versuchen deshalb, neue Worte zu finden und Unverständliches klarer auszudrücken. Damit entfernen sie sich zwangsläufig vom Grundtext. Man versteht diese Übersetzungen zwar besser, aber man versteht eben auch das mit, was der Übersetzer verstanden hat. Besonders schwierig wird es, wenn zwei moderne Übersetzungen den Grundtext unterschiedlich deuten. Vielleicht ist dir das schon einmal in einem Bibelkreis passiert. Da wird ein Text gelesen und plötzlich sagt jemand: „Bei mir steht es aber so." Und dann weiß man nicht, was jetzt eigentlich richtig ist. Das ist das Problem mit modernen Übersetzungen.

Ich finde, man sollte mindestens zwei Übersetzungen zu Hause haben. Eine gut verständliche (zum Beispiel Neues Leben Bibel) und eine wörtliche (zum Beispiel Elberfelder Bibel). Gerade wenn man sich intensiver mit einem Text beschäftigen will, finde ich die Holprigkeit und Fremdartigkeit der Elberfelder gut. Denn der Grundtext ist uns fremd. Und diese Fremdheit ist spannend. Sie fordert heraus. Sie enthält ungeahnte Tiefen. Aber nicht immer hat man die Kraft, in diese Tiefen vorzudringen. Dann ist es gut, eine Übersetzung zu haben, bei der andere einem schon einen Teil der Arbeit abgenommen haben.

WIE KANN ICH DIE BIBEL FÜR MEINE PERSÖNLICHE ANDACHT LESEN?

Die Bibel ist kein Andachtsbuch. Sie ist keine Ansammlung von erbaulichen Texten mit praktischen Anwendungen. Manchmal liest man sie und fragt sich, was man damit anfangen soll. Viele Christen neigen dazu, dem Text dann eine geistliche Lektion aufzuzwingen oder sie aus ihm herauszuquetschen. Das ist gefährlich, weil man so nur seine eigenen Gedanken wiederholt, anstatt auf Gott zu hören.

Deswegen: Hab Geduld! Die Bibel ist die Offenbarung des Wesens Gottes durch sein Handeln auf dieser Welt. Sie erzählt die Geschichte des Volkes Gottes. Wenn du die Bibel aufschlägst, dann nimmst du Anteil an dieser Geschichte. Du bekommst Einblick in das Leben deiner geistlichen Urahnen. Sie waren auf dem gleichen Weg unterwegs wie du. Sie hatten völlig andere Erfahrungen und Lebenswelten, aber sie waren gläubige Menschen wie du und folgten demselben Gott. Durch die Bibel steigst du in ihre Welt ein. Was sie erlebt haben und was Gott zu ihnen gesagt hat, ist auch für uns heute noch relevant.

Es ist so, als würdest du in der verlassenen Wohnung deiner Uroma stöbern. Da ist ein Foto von ihrer Taufe. Darunter ihre Lieblingsverheißung. Im Schrank findest du die Gemeindeordnung von anno dazumal und das Programm der Gottesdienste, bei denen sie mitgearbeitet hat. Ganz unten liegt ein Brief, der davon berichtet, wie Gott ihr durch ein Wunder das Leben gerettet hat. Indem du an ihrem Leben Anteil nimmst, lernst du auch Gott besser kennen. Bei bestimmten Menschen – vor allem Propheten – hat Gott diese Fragmente der Vergangenheit in der Bibel aufbewahrt, um uns sein Wesen und seinen Willen zu offenbaren. Wenn du zum Beispiel liest, wie Opa Mose im Heiligtum Gottesdienst gefeiert hat (3. Mose), klingt das zunächst einmal fremd, vielleicht sogar langweilig. Aber wenn man sich damit beschäftigt, entdeckt man Aspekte der Erlösung, die heutzutage oft unterbelichtet bleiben.

Es gibt keinen Trick, die Bibel spannender zu machen, als sie ist. Es braucht auch keinen, denn sie ist spannend genug. Man muss sich nur darauf einlassen. Das geht

━━━━

nicht instant und to go. Das braucht Zeit und Ruhe und Geduld. Lies einfach und bitte Gott, dass er zu dir persönlich spricht. Und dann sei demütig genug zu warten, bis er es tut. Das wird nicht jedes Mal passieren, wenn du sie aufschlägst. Aber jedes Mal lernst du ihn und seine Geschichte mit den Menschen besser kennen.

WAS, WENN ETWAS ABSOLUT KEINEN SINN ERGIBT?

Keep calm and read on. Es ist völlig normal, dass man etwas nicht versteht. Das passiert bei jeder Form von Kommunikation. Wenn ein Freund etwas Unverständliches von sich gibt, fragt man nach. Bei der Bibel kann man nur hoffen, dass der Text es an anderer Stelle von sich aus erklärt. Deshalb ist das Lesen im Zusammenhang unerlässlich. Neulich fragte mich zum Beispiel jemand, wer die Feinde in Lukas 19,27 sind. Der Text beantwortet diese Frage in Vers 14 desselben Kapitels selbst. Wenn dich also etwas verwirrt, dann lies, was vorher und nachher kommt. Worum geht es in diesem Abschnitt oder Kapitel? Wie laufen die Geschichte oder der Gedankengang des Autors?

Beachte auch das Prinzip, dass klare Stellen die unklaren beleuchten können. Frag dich also: Fallen mir Texte in der Bibel ein, die etwas zum gleichen Thema sagen? Wie passt das mit dem, was du gerade gelesen hast, zusammen? Schlag sie unbedingt auf und lies nach. Oft hat man Dinge nur grob in Erinnerung. Achte auch darauf, dass du diese Parallelstellen nicht aus dem Zusammenhang reißt.

Wenn dir das alles nicht hilft, dann frag dich, ob dir vielleicht eigene Vorstellungen im Weg stehen. Manchmal stoßen wir uns an Texten, weil sie einem falschen oder unvollständigen Bild widersprechen, das wir uns gemacht haben. Bei der Beantwortung dieser Frage können dir andere Gläubige weiterhelfen. Wer die Bibel nur für sich alleine liest, läuft Gefahr, sich in einem System aus sich selbst stützenden Irrlehren zu verfangen. Deshalb ist es so wichtig, die Bibel gemeinsam mit anderen zu lesen und sich darüber auszutauschen.

Und wenn ihr selbst als Gruppe ratlos seid? Keep calm and read on. Denn letztendlich ergibt die Bibel nur als Ganzes Sinn. Erst wenn du die gesamte Botschaft verinnerlicht hast, kannst du alle Teile korrekt zuordnen. Und das ist eine Lebensaufgabe! Man muss auch nicht immer alles verstehen. Stell dir vor, du hättest jetzt keine Fragen mehr, was solltest du dann in zehn Jahren entdecken?

Ach ja: Natürlich gibt es auch Hilfsmittel wie Bibelkommentare oder andere Bücher und Webseiten. Du kannst zum Beispiel deinen Pastor fragen oder dich an das Bibelstudien-Institut wenden: www.bibelkurse.de. Solche „Abkürzungen" können für den Moment eine gefühlte Spannung auflösen. Auf Dauer verhindern sie aber die persönliche Begegnung zwischen dir und dem Wort Gottes. Und welche Garantie hast du, dass der Kommentar recht hat? Sei dir also bewusst, dass wesentlich schlauere oder reifere Christen als wir sich bereits mit dem Text beschäftigt haben. Aber nimm das nicht als Ausrede, dir keine eigenen Gedanken mehr machen zu müssen, sondern tauch selbst in den Text ein.

In diesem Sinne: Schnapp dir die Übersetzung, die du gerade greifbar hast oder die dich am neugierigsten macht. Fang an zu stöbern. Und lass dich von Gott überraschen!

———

S. 7	© shutterstock.com / Vlue	S. 108	© shutterstock.com / S_L
S. 9	© shutterstock.com / gidl	S. 110	© shutterstock.com / maradon 333
S. 12	© shutterstock.com / Andrekart Photography	S. 113	© shutterstock.com / TGTGTG
S. 13	© shutterstock.com / racorn	S. 116	© shutterstock.com / pio3
S. 15	© shutterstock.com / A. and I. Kruk	S. 119	© shutterstock.com / Kateryniuk
S. 18	© shutterstock.com / Soloviova Liudmyla	S. 122	© shutterstock.com / Satyrenko
S. 21	© shutterstock.com / g-stockstudio	S. 125	© shutterstock.com / gyn9037
S. 24	© shutterstock.com / melis	S. 128	© shutterstock.com / Iakov Filimonov
S. 26	© shutterstock.com / irbis picture	S. 131	© shutterstock.com / Ruth Black
S. 27	© shutterstock.com / chuanpis	S. 136	© shutterstock.com / Stokkete
S. 32	© shutterstock.com / file404	S. 139	© shutterstock.com / ixpert
S. 34	© shutterstock.com / Oleksandr Yuhlchek	S. 142	© shutterstock.com / Michel Piccaya
S. 36	© shutterstock.com / Julia Karo	S. 146	© shutterstock.com / Stockimo
S. 39	© shutterstock.com / Renata Sedmakova	S. 149	© shutterstock.com / KieferPix
S. 42	© shutterstock.com / njmucc	S. 152	© shutterstock.com / Palino Spisiak
S. 45	© shutterstock.com / Gonzalo Aragon	S. 154	© shutterstock.com / nito
S. 49	© shutterstock.com / PCHT	S. 158	© shutterstock.com / I. Pilon
S. 54	© shutterstock.com / KREUS	S. 161	© shutterstock.com / Soloviova Liudmyla
S. 57	© shutterstock.com / pcruciatti	S. 164	© Wikimedia Commons /
S. 60	© shutterstock.com / Givaga		Foto: José de Ribera / Saint Peter and Saint Paul
S. 63	© shutterstock.com / Zarya Maxim Alexandrovich	S. 167	© shutterstock.com / Rawpixel.com
S. 66	© shutterstock.com / Vibrant Image Studio	S. 170	© shutterstock.com / Hrecheniuk Oleksii
S. 69	© shutterstock.com / Katsiaryna Yudo	S. 173	© shutterstock.com / vdLee
S. 74	© shutterstock.com / Sensay	S. 178	© shutterstock.com / Vladimir Mucibabic
S. 77	© shutterstock.com / nevodka	S. 181	© shutterstock.com / Jayakumar
S. 79	© NASA, ESA, M. Robberto (Space Telescope	S. 184	© shutterstock.com / mihalec
	Science Institute/ESA) and the Hubble Space	S. 187	© shutterstock.com / maminez
	Telescope Orion Treasury Project Team	S. 190	© shutterstock.com / Sfio Cracho
S. 82	© shutterstock.com / Andrey_Popov	S. 193	© shutterstock.com / iryna1
S. 85	© shutterstock.com / Inozemtsev Konstantin	S. 198	© shutterstock.com / Sergey Nivens
S. 88	© shutterstock.com / sakhorn	S. 201	© shutterstock.com / Baranov E
S. 91	© shutterstock.com / file404	S. 204	© shutterstock.com / Julia Tsokur
S. 94	© shutterstock.com / Africa Studio	S. 207	© shutterstock.com / Hung Chung Chih
S. 97	© shutterstock.com / FCSCAFEINE	S. 210	© shutterstock.com / TCmakephoto
S. 99	© shutterstock.com / Tatiana Popova	S. 213	© shutterstock.com / Gelner Tivadar
S. 100	© shutterstock.com / Amanda Carden	S. 217	© shutterstock.com / Rasstock
S. 103	© shutterstock.com / g-stockstudio	S. 218	© shutterstock.com / rmnoa357
S. 106	© shutterstock.com / Iakov Kalinin	S. 221	© shutterstock.com / loreanto

BLEIB NEUGIERIG!
HÖR NIE AUF ZU ENTDECKEN.

HopeBibelstudien
Institut

Kostenlose Bibelkurse seit 1948 | Kompetente und
persönliche Betreuung | Für Einsteiger und Fortgeschrittene
Online oder per Post | Von 7 bis 70 Jahren

www.bibelkurse.de